はじめに

　社会福祉士国家試験に合格するには、出題されるポイントを知り、それを覚えなければなりません。しかし、範囲が広くて覚えるのも一苦労です。実際に、社会福祉士国家試験の受験者からは、「覚えられない」「暗記できない」「どこを覚えればいいかわからない」といった意見が多く寄せられています。

　そういったみなさんの声に応えるため、今回、『らくらく暗記マスター』を製作しました。本書は、タイトルに「暗記マスター」と謳っているように、「暗記が苦手で…」という方たちの"覚える学習"をお手伝いするための一冊です。試験でよく問われるものの、覚えづらい、わかりづらい内容を図表に整理し、さまざまな暗記術も紹介しています。試験で問われやすい部分に絞って掲載しているので、何がポイントかを押さえやすく、時間の有効活用につながります。また、付属の赤シートで重要語句を確認できるのもメリットです。コンパクトサイズで持ち運びしやすく、学校や仕事（家事）と受験勉強のかけもちで忙しい方のすき間学習にもぴったりです。

　初めて手にする受験参考書としても、受験勉強の総仕上げとしても、試験当日に会場に持って行くのにもオススメの一冊です。

　本書を活用し、多く　　　　　　　　　　　　　・心より願っています。

2024年5月

中央法規社会福祉士受験対策研究会

本書の使い方

複雑な内容、難解な用語を図表でスッキリ整理！

試験に出やすい内容を図表でとらえましょう。

11 ストレス

心理的反応

症候、障害	概念	状態
アパシー	ストレスへの対処ができないことにより陥る心理状態	無気力、無感動、ひきこもり、活動性の低下
燃え尽き症候群（バーンアウトシンドローム）	燃え尽きたかのように仕事に対する気力や達成感を喪失	心身の疲労困憊、社会生活への適応困難
心的外傷後ストレス障害（PTSD）	激しい外傷体験（恐怖、ストレス）による心的外傷（トラウマ）の出現	・悪夢やフラッシュバックによる反復的想起、入眠困難、警戒心 ・1か月以上続く

対人援助職に多くみられる

PTSDと急性ストレス障害(ASD)は、どう違うのですか？

クマ先生とウカルくんのやりとりで、楽しく学習！

ポイントを突くキャラクターのセリフで、楽しみながら学習しましょう。

PTSDと同様の症状が、心的外傷的出来事の体験後3日〜1か月持続するのが急性ストレス障害（ASD）なんだ

社会福祉士国家試験

らくらく
暗記マスター

2025

中央法規

過去の国家試験を徹底分析。よく出るテーマを厳選しています。

ストレスからの回復

医学・心理

種類	概念	方法
ソーシャル・サポート・ネットワーク	ストレスを抱える人を取り巻く重要な他者（家族、友人、同僚、専門家）から得られるさまざまな援助	①情緒的サポート（慰め、励まし）、②評価的サポート（態度に注意を注ぐ）、③道具的サポート（問題そのものへの援助）、④情報的サポート（情報提供）
コーピング	ストレス反応を減らそうとする意識的な水準の対処過程	①問題焦点型コーピング：ストレスフルな環境そのものを直接的に変革する ②情動焦点型コーピング：ストレッサーがもたらす情動を統制、軽減する

試験勉強もストレスですが、頑張ります！

好きなことでうまく
気分転換を図ろう！

●● 規則性 で覚えよう

ソーシャルサポートネットワーク：

情緒的	評価的	道具的	情報的
じょう	ひょう	どう	じょう

クマ先生の 特選チェック

1 アパシーとは、ストレス状態が続いても、それに対処できている状態のことである。

（答え）1 ×：ストレスへの対処ができていない状態である。

ストレス 39

赤シートで理解度をチェック！

赤字表記の重要語句を押さえましょう。

暗記術で、ムリなくムダなく、重要語句を頭にインプット！

暗記術で記憶を定着させましょう。

クマ先生の特選チェックで実戦力習得！

過去問を中心に、出題頻度の高い問題を精選しています。習得度を確認しましょう。

▶ ラクに覚える 暗 記 術

🎬〰ゴロ で覚えよう

　重要語句が、楽しく思い出しやすいゴロあわせですらすら頭に入ってきます。随所に登場するイラストイメージも暗記を助けてくれるでしょう。

🎥ストーリー で覚えよう

　語句と語句を意味で結びつけたショートストーリーです。関連性をもたせて覚えたい複数の事柄をまとめてインプットできるのは大きなメリットです。

👀規則性 で覚えよう

　覚えたい事柄を、文字の並びや数字がもつ規則性でつかみとる暗記法です。規則性を意識する過程で暗記も進み、語句によってはなかなか効果的です。

🔊声 に出して覚えよう

　語音が似ている、韻をふめる、一定のリズムをもっているなど、声に出してみるとスッと頭に入ってくる語句があります。暗記の定着にも役立ちます。

▶ キャラクター 紹介

クマ先生

　あまたある福祉系資格をすべて取得し、抜群の指導実績を誇るカリスマ先生。合格を目指す教え子ウカルくんのため、持てる力を存分に発揮！　試験に出るところを熟知し、要所に飛び出す解説は明瞭簡潔。

ウカルくん

　受かりたい気持ちいっぱい、ヤル気全開の元気な男の子。どこを覚えたらいいのかよくわからず、クマ先生に疑問を投げかけたり、時には嘆いたり。合格を目指すみんな（読者）といっしょにがんばりたいと燃えている。

ミミズク

　（わが輩はミミズク、名前はまだない……。）ウカルくんとは大の仲良し。試験のことは何も知らないはず。と思いきや、時折、明快にポイントを突く。

▶社会福祉士国家試験の概要

●出題数、試験時間　　※次回（第37回）試験は、2025年2月上旬の予定

	試験科目	出題数
共通科目	医学概論	6問
	心理学と心理的支援	6問
	社会学と社会システム	6問
	社会福祉の原理と政策	9問
	社会保障	9問
	権利擁護を支える法制度	6問
	地域福祉と包括的支援体制	9問
	障害者福祉	6問
	刑事司法と福祉	6問
	ソーシャルワークの基盤と専門職	6問
	ソーシャルワークの理論と方法	9問
	社会福祉調査の基礎	6問
専門科目	高齢者福祉	6問
	児童・家庭福祉	6問
	貧困に対する支援	6問
	保健医療と福祉	6問
	ソーシャルワークの基盤と専門職（専門）	6問
	ソーシャルワークの理論と方法（専門）	9問
	福祉サービスの組織と経営	6問

●前回（第36回）試験の実績（2024年2月4日実施）

受験者数	合格者数	合格率
34,539人	20,050人	58.1%

はじめに／本書の使い方／ラクに覚える暗記術／キャラクター紹介／
社会福祉士国家試験の概要

クマ先生の らくらく 人名マスター

医学・心理〜心身の機能と人の心の仕組み

法制度・動向〜福祉に関連する制度と最近の動向

社会福祉の歴史〜福祉の発展過程

地域福祉・福祉施策〜対象別の支援

福祉と法・刑事司法〜社会福祉と法のかかわり

権利擁護〜権利と生活を守る視点と制度

ソーシャルワーク〜理論と実践の理解

社会学・社会福祉調査〜社会システムや社会福祉調査の諸理論

福祉サービス〜法人と組織管理の理解

索引／参考文献

クマ先生の
らくらく
人名マスター

できる！

でる・でた外国人 ☑ ☐

試験によくでてくる人物を集めたよ。キーワードと併せて覚えれば効果バツグン！

これで覚えよう！ 関連キーワード

アダムス,A.	岡山博愛会。岡山四聖人（石井十次、留岡幸助、山室軍平）➡P.90
アダムス,J.	アメリカのソーシャルワークの先駆者。シカゴに「ハル・ハウス」設立（1889年）➡P.87
ヴェーバー	『プロテスタンティズムの倫理と資本主義の精神』。近代官僚制。支配の3類型（カリスマ的・伝統的・合法的）➡P.178、190
ウェクスラー	ウェクスラー式知能検査を開発
ウェッブ夫妻	フェビアン協会の中心人物。ナショナル・ミニマムを初めて提唱
ウェルマン	コミュニティ解放論 ➡P.172
ヴォルフェンスベルガー	『ノーマライゼーション―福祉サービスの本質―』
エスピン―アンデルセン	福祉レジーム論（自由主義レジーム・保守主義レジーム・社会民主主義レジーム）
エリクソン	自我同一性の概念の生成。8つの発達段階を提唱 ➡P.36、37
ギデンズ	社会民主主義でもなく新自由主義でもない第三の道を提示
キャプラン	危機介入アプローチ。早期介入を重視 ➡P.159
ケンプ	『人―環境のソーシャルワーク実践』で環境を5つに分類
ゴッフマン	ドラマトゥルギー（印象操作・感情操作・儀礼的無関心）。スティグマ（烙印）
サザーランド	分化的接触論。ホワイトカラー犯罪の概念を提唱 ➡P.179
サリービー	ストレングスモデル ➡P.160
ジニ	所得などの格差や不平等の指標としてジニ係数を考案
ジャーメイン	エコロジカル・アプローチ。システム理論や生態学の概念をケースワークに導入 ➡P.89、159

赤は最新の第36回試験で出題された人物（著作等含む）

シュワルツ	伝統的なグループワークの実践モデル。社会的目標モデル。相互作用モデル
スキナー	オペラント条件づけ（道具的条件づけ）。スキナー箱の実験 ➡P.29
スミス,A.	道徳感情論。『国富論（諸国民の富）』。神の見えざる手
セン	ケイパビリティ（潜在能力）アプローチ
ソロモン	エンパワメント・アプローチ。黒人のエンパワメント。➡P.160
タウンゼント	相対的剥奪。貧困の概念。イギリスの貧困調査
タフト&ロビンソン	ランクの自我心理学を基礎として、機能的アプローチを提唱 ➡P.158
ティトマス	福祉政策モデル（残余的福祉モデル・産業的業績達成モデル・制度的再分配モデル）
デュルケム	アノミー。自殺の4類型（集団本位的・自己本位的・アノミー的・宿命的）。機械的連携・有機的連携
テンニース	ゲマインシャフト・ゲゼルシャフト。ゲノッセンシャフト（テンニースの理想の社会集団）➡P.173
ドナベディアン	構造、過程、結果を視点とするヘルスケアの質の評価
ニィリエ	スウェーデン。ノーマライゼーションの8つの原理
バージェス	同心円地帯理論で都市の成長過程を図式化
パーソンズ	主意主義的行為理論。構造機能分析。AGIL機能図式（適応・目標達成・統合・潜在的パターンの維持と緊張処理）➡P.170
バートレット	『ソーシャルワーク実践の共通基盤』。ソーシャルワークの本質的な要素を価値・知識・調整活動とした ➡P.89
バーネット	セツルメント運動。トインビー・ホール ➡P.87
ハーバーマス	コミュニケーション的行為論 ➡P.178
パールマン	問題解決アプローチ。4つのP（人・問題・場所・過程）、6つのP（4つのP+専門家・制度）。ワーカビリティ ➡P.85、158
ハミルトン	診断主義ケースワークの体系化 ➡P.88、158、159
ピアジェ	発達段階説（認知発達理論）➡P.36、37
ハーズバーグ	二要因理論で職務の満足・不満足を促進する要因を説明
ピンカス&ミナハン	ソーシャルワーク実践における4つのシステムモデル
ブース,C.	ロンドンの貧困調査。貧困線。社会的要因 ➡P.87
ブラッドショー	ニード類型論（感得・表明・規範的・比較）

ブルデュー	文化資本（知識や能力、学歴、行動様式などの個人的資産）
フロイト	精神分析。イド（エス）。超自我。エゴ（自我）➡P.36、37、43、88
ベヴァリッジ	ベヴァリッジ報告。社会保険及び関連サービス。ゆりかごから墓場まで ➡P.86
ベッカー	ラベリング理論で逸脱の生成要因を考察 ➡P.179
ボウルビィ	愛着理論（発信行動・接近行動・定位行動）➡P.35
ポランニー	『大転換』。社会統合のパターンとしての互酬、再分配、交換
ホリス	心理社会的アプローチ。「状況の中の人」という視点 ➡P.89、159
マードック	核家族の概念や四機能説を提唱
マートン	緊張理論。アノミー論。機能分類（順機能・逆機能・顕在的機能・潜在的機能）。準拠集団 ➡P.179
マズロー	欲求の五段階説
マッキーヴァー	コミュニティ（自然発生的な共同社会）・アソシエーション（目的や関心のために作られた集団）➡P.173
マルクス	『資本論』。生産様式（生産力・生産関係）。物理的生産。上部構造・下部構造
モレノ	心理劇（サイコドラマ）を考案 ➡P.42
ユング	向性理論（外向型・内向型）➡P.32
ラウントリー	ヨーク貧困調査。生活調査。貧困線 ➡P.87
リースマン	『孤独な群衆』。社会的性格（伝統指向型・内部指向型・他人指向型）
リッチモンド	『社会診断』。『ソーシャル・ケース・ワークとは何か』。治療モデル。友愛訪問。慈善組織化活動。博愛事業 ➡P.87、158
ルーマン	社会システムは環節的分化から階層的分化、経済、政治などサブシステムが形成される機能的分化に移行するとした
ロールズ	『正義論』で格差原理を提示する。財を平等・公正に配分し貧富の差を解消。ベーシックインカム構想の基礎哲学となる
ロス	『コミュニティ・オーガニゼーションー理論と原則ー』。地域援助活動。住民組織化
ロスマン	コミュニティ・オーガニゼーションの3つのモデル（地域開発モデル・社会計画モデル・社会活動モデル）
ワース	アーバニズム（都市的生活様式）➡P.172

関連キーワード

浅賀ふさ	医療ソーシャルワーカーの草分け
有賀喜左衛門	『農村社会の研究』。家。同族
石井十次	岡山孤児院。日本初の孤児院。無制限主義
石井亮一	滝乃川学園。日本初の知的障害児者福祉施設
磯村英一	『都市社会学研究』。第三の空間
糸賀一雄	『この子らを世の光に』。近江学園（知的障害児施設）。びわこ学園（重症心身障害児施設）
右田紀久恵	『自治型地域福祉の理論』
大河内一男	『社会政策の基本問題』。経済秩序外的存在
岡村重夫	『地域福祉論』。一般的地域組織化活動
小河滋次郎	方面委員制度
賀川豊彦	イエス団。日本農民組合。生活協同組合運動。貧民街の聖者
笠井信一	岡山県知事。済世顧問制度 ➡P.90
片山潜	キングスレー館。セツルメント施設 ➡P.90
河上肇	『貧乏物語』。労働農民党
孝橋正一	『社会事業の基本問題』
真田是	社会福祉の三元構造論
渋沢栄一	東京府養育院。中央慈善協会 ➡P.90
鈴木栄太郎	『日本農村社会学原理』。自然村。結節機関
高木憲次	整肢療護園（日本初の肢体不自由児施設）
竹内愛二	『ケース・ウォークの理論と實際』。アメリカの援助技術を研究
留岡幸助	家庭学校。感化教育
永井三郎	『グループ・ワーク　小團指導入門』
永田幹夫	『地域福祉組織論』
仲村優一	公私共働の多元供給論（受動的措置福祉から主体的選択の福祉へ）。「公的扶助とケースワーク」（論文）
生江孝之	『社会事業綱要』。社会事業研究の先駆者

成瀬悟策	心理療法の1つである動作法を開発 ➡P.42
野口幽香	二葉幼稚園（後の二葉保育園）
林市蔵	大阪府知事。方面委員制度（民生委員制度の前身）
三浦文夫	社会福祉経営論。貨幣的ニードから非貨幣的ニード
三隅二不二	PM理論。P機能とM機能。リーダー行動 ➡P.191
三好豊太郎	ケースワークを社会事業の技術として位置づけ。社会調査による都市下層社会の研究
森田正馬	森田療法。絶対臥褥期 ➡P.42
矢島楫子	日本基督教婦人矯風会。廃娼運動
山室軍平	キリスト教慈善団体。日本救世軍。廃娼運動
横山源之助	『日本之下層社会』

よい暗記方法はありますか？

「きび団子（岡山名物）食べる石井十次」や、「滝に打たれる石井亮一」など、イメージで覚える手もある！

医学・心理

心身の機能と人の心の仕組み

1 国際生活機能分類 (ICF)

国際生活機能分類 (ICF) ● 2001年に世界保健機関（WHO）総会で採択

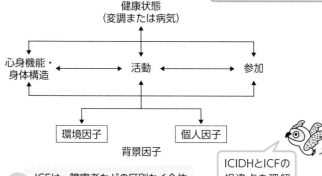

健康状態
（変調または病気）

心身機能・身体構造 ←→ 活動 ←→ 参加

環境因子　　　個人因子

背景因子

ICFは、障害者などの区別なく全体的な健康状態を把握するものだよ

ICIDHとICFの相違点を理解することが大切

歴史	2001年にWHOが、ICIDH：国際障害分類（障害のマイナス面に着目）の改訂版として策定
特徴	「生活機能」のプラス面に着目し、健康状態（高齢、妊娠等）と背景因子（環境因子、個人因子）との相互作用から捉える
	心身機能：身体系の生理的機能（心理的機能を含む） 身体構造：身体の解剖学的部分
	活動：個人による課題や行為の遂行（家事、読書、運動など）
	参加：生活・人生場面へのかかわり（仕事、社会活動など）
	環境因子：物的環境（住宅、福祉用具等）、社会的環境（介護者、福祉サービス等）
	個人因子：性別、人種、年齢、ライフスタイル、習慣等

2 加齢による心身の変化

医学・心理

加齢に伴う身体・生理機能の変化

呼吸器	・肺の残気量が増加し、肺活量が減少
循環器	・収縮期血圧は上昇、拡張期血圧は低下 ・収縮期血圧と拡張期血圧の差が大きくなる
感覚器	・高音域から聴力が低下
嚥下機能	・下部食道括約筋の機能低下→誤嚥
泌尿器	・膀胱容量の減少
代謝	・腎臓による水の再吸収能力が低下
筋骨格	・筋力低下・骨密度低下 　→フレイルやサルコペニアとなりやすい
神経	・長期記憶よりも短期記憶が低下

出題回数が最も多いポイント♪

高齢者の脱水・廃用症候群

	脱水	廃用症候群
原因	若年者より体内の水分量が減少、口渇感が低下、水分の摂取量が低下	長期臥床などによる生活の不活発（生活不活発病）
症状	脈拍の増加、血圧低下、味覚障害、食欲低下	身体的・精神的機能が全般的に低下

骨粗鬆症や起立性低血圧、抑うつなんかも廃用症候群の症状の一つだよ

加齢による心身の変化 | 19

3 疾病と障害の概要

内分泌疾患

糖尿病	① 1 型糖尿病：若年での発症が多い ② 2 型糖尿病：中年以降に多い、生活習慣病

三大合併症の網膜症、腎症、神経障害は特定疾病！

9割以上が2型糖尿病だといわれているんだ

虚血性心疾患

狭心症	心臓の冠動脈の内腔が狭くなることにより、心筋が一過性の虚血状態（酸素欠乏、栄養欠乏）となり、胸痛、胸部圧迫感などの症状が起こる。発作時はニトログリセリンの舌下投与
心筋梗塞	冠動脈の一部分が完全閉塞して心筋が壊死し、激しい胸痛発作、呼吸困難、顔面蒼白、冷汗・脂汗等の症状が起こる。急性心筋梗塞にはモルヒネを投与

狭心症の胸痛は数分から15分程度続くけど、心筋梗塞は30分以上に及ぶんだって

呼吸器疾患

慢性閉塞性肺疾患 （COPD）	①肺気腫：肺胞の破壊、喘鳴、労作時呼吸困難 ②慢性気管支炎：痰を伴う咳が慢性的に続く

神経疾患

パーキンソン病	四大徴候として、振戦（安静時の身体の震え）、固縮（筋の硬さ）、無動（動作緩慢）、姿勢反射障害・歩行障害がある
筋萎縮性側索硬化症（ALS）	全身の骨格筋が萎縮、嚥下障害、呼吸麻痺となる。眼球運動、知覚神経、知能、意識などは末期まで保たれる
脊髄小脳変性症	小脳性運動失調によるふらつき（平衡感覚障害）
てんかん	てんかん発作（全般発作、部分発作）

生活習慣病

関連する生活習慣	関連する主な疾患
食生活	2型糖尿病、肥満、脂質異常症、高血圧、心臓病、大腸がん、歯周病
運動習慣	2型糖尿病、肥満、脂質異常症、高血圧
喫煙	肺がん、膀胱がんなどのがん、動脈硬化、虚血性心疾患、慢性閉塞性肺疾患（COPD）
多量の飲酒	アルコール性肝障害

糖尿病は、透析導入に至る原因疾患の第1位！

ちなみにメタボリックシンドロームは、内臓脂肪型肥満に、脂質異常症、高血圧、高血糖が2つ以上合併した状態だよ

主な認知症の種類

種類	特徴
アルツハイマー型認知症	・アルツハイマー病は、認知症の原因疾患として最多 ・記憶障害、見当識障害、理解・判断力の障害、実行力障害 ・落ちつきのなさ、多弁、多幸性
血管性認知症	・脳梗塞などの脳血管障害が原因 ・記憶障害（特に記銘力の低下が目立つ） ・人格は比較的保たれる ・まだら認知症（症状のむら）、感情失禁、うつ状態
前頭側頭型認知症	・ピック病に代表され、初老期での発症が多い ・前頭葉と側頭葉に限定した脳の萎縮 ・人格変化、反社会的行動、常同行動
レビー小体型認知症	・気分や態度の日内変動が大きい ・パーキンソン症状（振戦、固縮、姿勢反射障害） ・現実的で繰り返される幻視体験

レビー小体とは何ですか？

 ドイツに生まれ、アメリカで活動したフレデリック・レビーが発見したもので、神経細胞にできる異常な円形状のたんぱく質のことなんだ

ゴロ で覚えよう

きのうの	結果は、	まだ？
脳	血管性認知症	まだら認知症

統合失調症

 罹患率は人口の0.7%。精神科入院患者の約6割を占めるんだ

特徴	・発症が多いのは思春期から青年期（10歳代後半～30歳代） ・原因不明、ストレス脆弱性説やドーパミン仮説が有力
症状	・陽性症状：幻覚（幻聴が主）、妄想、滅裂思考、緊張病症状 ・陰性症状：感情鈍麻、無為自閉、思考の貧困、意欲・自発性減退

陽性症状と陰性症状の違いは何ですか？

 陽性症状は健常時にはみられない症状が活発になり、陰性症状は普段の心の動きがみられなくなるものだよ

気分（感情）障害

特徴	・神経伝達物質（セロトニン、ノルアドレナリン）の代謝が関与している ・気分障害（躁うつ病）の類型：うつ病性障害（単極性うつ病）、双極型性障害（躁うつ病）（躁とうつを交互に繰り返す）
症状	・躁状態：気分が高揚、感情の起伏が激しく易興奮的、多弁多動、観念奔逸 ・うつ状態：抑うつ気分で悲哀感や劣等感に支配、絶望的で自殺企図、日内変動（朝方に調子が悪い）

 身体症状を主訴とする軽症のうつ病を仮面うつ病という！

主な発達障害

種類	特性
自閉スペクトラム症(ASD)	・「社会的なコミュニケーションおよび相互関係における持続的障害」と「限定された反復する行動、興味、活動」に特徴づけられる
コミュニケーション症群	・ことばの発達の問題を中心とする ・ことばの理解はできるが表現ができない、理解も表現も問題をもつなど
注意欠如・多動症(ADHD)	・不注意の症状が6つ以上、6か月以上持続し、その程度は発達水準に不相応 ・多動性および衝動性の症状が6つ以上、6か月以上持続し、その程度は発達水準に不相応
学習障害(LD)	・読み、書き、算数の特異的な障害 ・全般的な知的障害は伴わない
運動症群	・発達性協調運動症 ・常同運動症 ・チック症群

2013年に発表されたDSM-5では、新たに「神経発達症群」というカテゴリーがつくられ、上の表にある障害も含まれているんですね！

神経発達症群とは、背景に神経系の発達の不具合があるとされている疾患群のことなんだ

聴覚疾患

感音難聴は高齢者に多いんだ

伝音難聴	外耳、鼓膜、中耳にかけての障害
感音難聴	内耳から聴覚神経にかけての障害
メニエール病	内耳からくる回転性のめまい

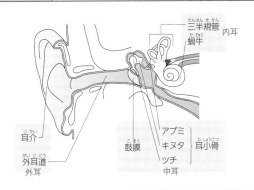

言語障害（失語）

ジャルゴン・スピーチは流暢だけど、内容のない発語なんだ

運動性失語 （ブローカー失語）	周囲の話は理解できるが、ぎこちない発言
感覚性失語 （ウェルニッケ失語）	話は流暢だが、聞く、読むことが困難。ジャルゴン・スピーチがみられる

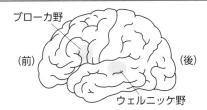

4 感染症

主な感染症の種類

感染症の予防策として、標準予防策（スタンダードプリコーション）があるよ

かいせん 疥癬	【原因と感染経路】ヒゼンダニ。接触感染 【症状】皮膚炎を起こし、強いかゆみが生じる 【特徴】通常疥癬と感染力の強い角化型疥癬があり、後者は一定期間の個室管理が必要
結核	【原因と感染経路】結核菌。空気感染 【症状】2週間以上続く微熱、全身倦怠感、体重減少、咳、痰 【特徴】高齢者、免疫力の低下した者などは発病しやすい
エイズ	【原因と感染経路】ヒト免疫不全ウイルス（HIV）。性行為、血液や血液製剤、母子感染
ノロウイルス	【原因と感染経路】ウイルスに汚染されたカキ、アサリなどの二枚貝。経口感染。秋から冬にかけて多く発症 【症状・特徴】下痢、嘔吐、発熱などの感染性胃腸炎。潜伏期間は1〜2日。吐物などから二次感染 【対策】汚染された床や衣類は、次亜塩素酸ナトリウムを含む漂白剤で消毒する
インフルエンザ	【原因と感染経路】インフルエンザウイルス。飛沫感染または接触感染 【症状】38℃を超える発熱、咽頭痛、頭痛、関節痛など全身症状が強く現れる

原因と感染経路は試験でよく問われるぞ。整理して覚えておこう

5 がん（悪性新生物）

日本人の死因とがん（悪性新生物）

1位	2位	3位
がん	心疾患	老衰

 死亡総数の24.6%を占める！

がん（悪性新生物）の死亡数・主な部位別死亡数	
総数	38万5,797人 ・男性22万3,291人、女性16万2,506人
部位別・男性	1位は肺がん（5万3,750人）、2位は大腸がん（2万8,099人）。胃がん、膵臓がんと続く
部位別・女性	1位は大腸がん（2万4,989人）、2位は肺がん（2万2,913人）。膵臓がん、乳がんと続く

資料：厚生労働省「2022年人口動態統計（確定数）」

男性は肺がんが圧倒的に多いですね

男性と女性では少し傾向が異なるね。ちなみに、罹患数でみると、男性は前立腺がん、女性は乳がんが最も多いよ。そして男女とも膵臓がんの罹患数が増加傾向にある

 クマ先生の 特選チェック

1 がん（悪性新生物）の主な部位別に見た死亡数で女性の第1位は乳がんである。

答え **1** ×：大腸がん。

6 感覚・知覚・認知

感覚・知覚・認知の概要

<table>
<tr>
<td rowspan="3">感覚</td>
<td colspan="2">感覚受容器で刺激を受け、周囲の環境を認識する働き
・刺激閾（絶対閾）：刺激を感じる最小の量
・弁別閾（丁度可知差異）：感覚の変化が生じる刺激の
最小の変化量</td>
</tr>
</table>

知覚		感覚受容器からの情報に基づき外界や自己の状態を知る（人が利用する知覚情報の80%は視覚情報）
	順応	同じ刺激が続くと、その刺激への感受性が次第に減少（明順応・暗順応）
	知覚の体制化	無秩序に存在する刺激をまとまりある全体として秩序づけ、意味づける 例：ルビンの杯
	群化	視野の中で、近接したもの同士をひとつのまとまりとして捉える（近接の要因）●●●　●●●　●●●
	知覚的補完	物理的視覚情報の一部欠如が補われて知覚される（輪郭を補完して三角形を知覚）
	錯視	実際の物理的状態と知覚との不一致により、同じものが違って見える
認知		知覚、記憶、推理などの情報を総合的に処理する
	選択的注意	多くの刺激から特定の刺激を抽出する働き（雑踏の中でも相手の声を聞き取るカクテルパーティー効果など）

7 学習・記憶

学習理論

 学習理論からの出題が続いているよ

レスポンデント条件づけ（古典的条件づけ）	パブロフ	条件刺激と無条件刺激を受ける経験を通し「刺激と反応の結びつき」（条件反射）を形成する
オペラント条件づけ（道具的条件づけ）	スキナー	自発的な反応に強化刺激を加えて行動を促進させる
試行錯誤学習	ソーンダイク	試行錯誤しながら問題解決を行う
洞察学習	ケーラー	課題に対する見通しを持って問題解決していく
模倣学習	ミラー、ダラード	他者の行動をみて、それを模倣、遂行する
観察学習（モデリング）	バンデューラ	自らは体験することなく、モデルの行動を観察する

「先生にほめられてうれしいから勉強する」っていう理論ですね

 条件づけで「行動形成」を目指し、目的に近い行動をしたときに強化し、最終的に求められている行動をすることをシェーピングというよ

記憶のプロセス

記銘（符号化）	情報を入力する

↓

保持（貯蔵）	記銘された情報を蓄え続ける

↓

想起（検索）	保存された情報を検索して引き出す

🎬ストーリー で覚えよう

記憶は記銘（きれい）に保持すると想起（掃除）も楽だ

保持時間に関するモデル

種類	保持時間	貯蔵能力
感覚記憶	1〜2秒	2〜4チャンク
短期記憶	数秒〜数分	7±2チャンク（マジカルナンバー7）
長期記憶	永続的	無制限

チャンクは一度に記憶できる単語や数字の量のこと！

そして短期記憶はリハーサル（記憶や想起の繰り返し）により長期記憶に移行するんだ

▍記憶の分類

作動（作業）記憶（ワーキングメモリー）	思考や認識、課題作業時に一時的に情報を蓄え、認知的作業を行う記憶
エピソード記憶	過去の個人的な出来事の記憶などストーリーに関する記憶。加齢による影響が大きい
意味記憶	名称や知識、概念など一般的な情報の記憶
手続き記憶	動作やノウハウに関する身体的反応の記憶で、加齢による影響は小さい（例：自動車の運転、楽器の演奏）
展望的記憶	約束や予定等、将来の行動についての記憶

声 に出して覚えよう

意味は知識、手続きは技能、エピソードは出来事、展望は将来

エビングハウスによる忘却曲線では、人は20分後に42％、1日後に74％、1週間後に77％忘れるとされているよ

繰り返し学ぶことで長期記憶に移行する！

クマ先生の 特選チェック

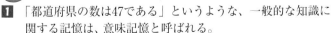

1 「都道府県の数は47である」というような、一般的な知識に関する記憶は、意味記憶と呼ばれる。

2 将来の約束や予定についての記憶は、手続き記憶と呼ばれる。

答え **1** ○

    2 ×：将来の約束や予定についての記憶は、展望的記憶と呼ばれる。

類型論と特性論

	性格の違いの原因
類型論	質の差による
特性論	特性の程度（量）の差による

類型論

提唱者	類型の原理	類型
クレッチマー	体型（体格）	細長型（分裂気質）、肥満型（躁うつ気質）、闘士型（粘着気質）
シェルドン	体型（体格）	内臓緊張型（社交的）、身体緊張型（活動的）、頭脳緊張型（非社交的）
ユング	心的エネルギー（リビドー）	外向型、内向型
シュプランガー	興味・価値観	理論型、経済型、審美型、宗教型、政治（権力）型、社会型
フロム	社会との関係（同化と社会化）	受容的性格、搾取的性格、貯蔵的性格、市場的性格、生産的性格

類型論は性格傾向をタイプに分け、特性論は
態度や行動に着目しているよ

特性論

提唱者	内容
オールポート	特性をすべての人が持っている共通特性と、その個人だけが持っている個人的特性に分け、共通特性をテストにより測定し、個人のプロフィールを描き出す心誌（サイコグラフ）を考案
キャッテル	因子分析を用いて、観察可能な表面特性と観察が不可能な根源特性を抽出

特性5因子論（ビッグファイブ）

人間の特性は①神経症的傾向、②外向性、③開放性、④調和性、⑤誠実性により説明される（ビッグファイブ）

外向性と開放性って何が違うのでしょう？

外向性は外への関心、つまり社交性や活動性などの特性を、開放性は新しい経験への開放的な傾向、つまり好奇心、独創性、想像力などの特性を指すよ。好奇心旺盛でも社交性があるとは限らないよね

クマ先生の 特選チェック

1 クレッチマーは人の体型に基づいて、内臓緊張型、身体緊張型、頭脳緊張型の3つに分類した。

2 ユングは、リビドーの方向によって性格を外向型と内向型とに分けた。

答え **1** ×：細長型、肥満型、闘士型の3類型である。
2 ○

医学・心理

9 集団

集団の影響 — 集団の社会心理や機能が出題されているよ

集団凝集性	メンバーを自発的に集団に留まらせる力の総体、あるいは集団の魅力
同調行動	集団内の多数派の影響で個人の意見や態度が変化する
社会的促進	単純課題や機械的作業の場合、一人よりも集団で行う方が作業効率が上がる
社会的抑制	複雑課題等の場合、集団よりも一人で行う方が作業効率が上がる
社会的手抜き	集団での作業において一人ひとりの成果が問われない場合、一人あたりの作業量が少なくなる
社会的補償	集団での作業成果が自分にとって重要であるとき、他者の作業不足分を補おうとする
リスキーシフト	個人の意思決定よりも、集団の意思決定のほうが危険性の高い方向に向かう
コーシャスシフト	個人の意思決定よりも、集団の意思決定のほうが安全性の高い方向に向かう
社会的ジレンマ	個人的利益の追求と社会的利益の確保が両立不可能な事態
傍観者効果	緊急事態において目撃者が多いほど、援助の手が差し伸べられる割合が少なくなる

集団の人数が多くなるほど発生しやすくなるよ

10 発達

発達に関する用語

用語	提唱者	意味
インプリンティング現象（刷り込み、刻印づけ）	ローレンツ	生まれて初めて目にした対象を後追いする現象。発達において初期経験が重要
アタッチメント（愛着）	ボウルビィ	子どもと養育者との情愛。生後2年ほどが人格形成に重要

⚾〜ゴロ で覚えよう

プリン　　　　　を食べ過ぎて
インプリンティング

ろれつ　　　が回らない？
ローレンツ

知能

結晶性知能	過去の学習や経験に基づく能力（専門的知識、日常の習慣、判断力など）
流動性知能	新たなことを学習する能力（思考力、暗記力、計算力、集中力など）

高齢者の場合、結晶性知能は維持され、流動性知能は低下するよ

インプリンティング現象では、ある特性を獲得するための限られた時期を臨界期というのですね

知能の発達（乳児期〜児童期）

エリクソン	フロイト	ピアジェ
①乳児期（0歳〜） ・信頼vs不信 ・社会への信頼	①口唇期 ・授乳により口唇から環境との交流	①感覚運動期 ・刺激と感覚器官の結びつき ・対象の永続性
②幼児期前期（1歳頃〜） ・自律感の獲得vs恥・疑惑 ・自分をコントロール	②肛門期 ・排泄の自立、環境に対する能動的姿勢	②前操作期 ・直感的思考 ・象徴的思考（模倣） ・強い自己中心性 ・アニミズム
③幼児期後期（3歳頃〜） ・自主性の獲得vs罪悪感 ・自発的に行動	③男根期 ・異性への関心	
④児童期（7歳頃〜） ・勤勉性の獲得vs劣等感 ・勤勉性、有能感を獲得	④潜在期 ・性的衝動の抑制	③具体的操作期 ・保存概念 ・自己中心的な考えから客観的な考えへ

🎬ストーリー で覚えよう

ピアジェいわく、乳児は**感覚**で**運動**し、幼児は**直感的**で、児童は**具体的**になる

発達課題とは何でしょうか？

発達段階に応じて課せられた達成すべき課題のことなんだ

知能の発達（青年期〜老年期）

エリクソン	フロイト	ピアジェ
⑤青年期（12歳頃〜） ・同一性の獲得vs同一性拡散 ・アイデンティティ（自己同一性）の確立	⑤思春期・性器期 ・性的衝動が統合され、性生活へ発展する	④形式的操作期 ・抽象的概念の理解 ・論理的思考
⑥成年期初期（20歳頃〜） ・親密性の獲得vs孤立 ・連帯感の獲得		
⑦成年期中期（30歳頃〜） ・生殖性の獲得vs停滞 ・社会への貢献		
⑧成年期後期（65歳頃〜） ・統合感の獲得vs絶望 ・人生の意味や価値		

> エリクソン8段階　フロイト5段階♪　ピアジェ4段階♪

フロイトはリビドー（性的エネルギー）を軸に、ピアジェは感覚運動・言語・思考・認知発達を軸に、エリクソンはフロイト理論に加え社会的視点を軸に分類したんだ

何で分類したかを理解すると、その下の階層を思い出しやすそうですね

クマ先生の　特選チェック

1 ピアジェによれば、前操作期は保存の理解が難しい時期である。

（答え）　1 ○

11 ストレス

心理的反応

症候、障害	概念	状態
アパシー	ストレスへの対処ができないことにより陥る心理状態	無気力、無感動、ひきこもり、活動性の低下
燃え尽き症候群（バーンアウトシンドローム）	燃え尽きたかのように仕事に対する気力や達成感を喪失	心身の疲労困憊、社会生活への適応困難
心的外傷後ストレス障害（PTSD）	激しい外傷体験（恐怖、ストレス）による心的外傷（トラウマ）の出現	・悪夢やフラッシュバックによる反復的想起、入眠困難、警戒心 ・1か月以上続く

対人援助職に多くみられる

PTSDと急性ストレス障害(ASD)は、どう違うのですか？

PTSDと同様の症状が、心的外傷的出来事の体験後3日〜1か月持続するのが急性ストレス障害（ASD）なんだ

▌ストレスからの回復

種類	概念	方法
ソーシャル・サポート・ネットワーク	ストレスを抱える人を取り巻く重要な他者（家族、友人、同僚、専門家）から得られるさまざまな援助	①情緒的サポート（慰め、励まし）、②評価的サポート（態度に注意を注ぐ）、③道具的サポート（問題そのものへの援助）、④情報的サポート（情報提供）
コーピング	ストレス反応を減らそうとする意識的な水準の対処過程	①問題焦点型コーピング：ストレスフルな環境そのものを直接的に変革する②情動焦点型コーピング：ストレッサーがもたらす情動を統制、軽減する

試験勉強もストレスですが、頑張ります！

好きなことでうまく
気分転換を図ろう！

●●●規則性 で覚えよう

ソーシャルサポートネットワーク：

情緒的	評価的	道具的	情報的
じょう	ひょう	どぉう	じょう

🐻 クマ先生の 特選チェック

1 アパシーとは、ストレス状態が続いても、それに対処できている状態のことである。

（答え） **1** ×：ストレスへの対処ができていない状態である。

防衛機制

抑圧	容認しがたい欲求や感情を、意識にのぼらせないように抑えつける
逃避	不安、緊張、葛藤などから、空想などに逃げ出す
退行	より以前の発達段階に戻って、未熟な行動を取る
代償	本来の目標が得られない場合、獲得しやすい代わりのものに欲求を移してがまんする
補償	ある面の劣等感情を、他の面の優越感情で補う
合理化	都合よく理屈づけて、失敗や欠点を正当化する
昇華	社会的に承認されない欲求や衝動（性的・攻撃的）を、社会的に認められる形で満たす
同一視 （同一化）	満たせない願望を実現した他者と自分を同一視し、自分のことのように代理的に満足する
投影 （投射）	自分の容認しがたい欲求や感情を他者の中にあると考え、それを指摘・非難する
置き換え	ある対象への欲求や感情を、他の対象に向けて表現する
反動形成	知られたくない欲求や感情と正反対の行動を取って、本当の自分を隠す

先生、防衛機制って何ですか？

人が不安や欲求不満を解消し、統合を維持しようとする無意識な心の働きのこと。試験では、各機制の定義が問われているよ

13 心理アセスメント

知能検査

アルファベットに着目！ PはPreschool（就学前）、Cは Children（子ども）、AはAdult（成人）で見分けよう♪

ビネー式	知能検査から得られる精神年齢と生活年齢の比により知能指数（IQ）を算出		
ウェクスラー式	言語性IQ、動作性IQなどに分けて算出できる。年齢に応じて3種類		
	WPPSI-Ⅲ	幼児用 2歳6か月〜7歳3か月	
	WISC-V	児童用 5歳〜16歳11か月	
	WAIS-IV	成人用 16歳〜90歳11か月	

知能検査には、認知症を評価する質問式のテストで改訂長谷川式簡易知能評価スケール(HDS-R)もある。押さえておこう

人格検査

	矢田部ギルフォード性格検査（YGPI）	ギルフォードの性格テストをもとに日本で標準化。5つの類型で代表的なタイプの特徴を示す
質問紙法	日本版MMPI（ミネソタ多面的人格目録）	検査の妥当性を測る妥当性尺度、臨床尺度（心気症、抑うつ性など10尺度）などで人格を多面的に測定

質問紙法	東大式エゴグラム（新版TEG3)	5つの自我状態（批判的な親、養育的な親、大人、自由な子ども、順応した子ども）に分け、そのバランスから性格特性と行動パターンを把握
投影法	ロールシャッハテスト	インクの染みを用いた図版に対する反応から人格を評価
	PFスタディ（絵画欲求不満検査）	日常生活における欲求不満場面が描かれた絵を提示し、その反応から人格を評価
	TAT（主題統覚検査、絵画統覚検査）	提示された絵を見て作った物語の内容から、隠された欲求やコンプレックスの存在を明らかにする
	日本版CMI（コーネル・メディカル・インデックス）	CMI健康調査票と呼ばれ、心身両面の自覚症状をチェック。神経症のスクリーニングも行うことができる
	バウムテスト	被験者の描く「1本の実のなる樹」の絵から、パーソナリティを分析
作業検査法	内田クレペリン精神作業検査	簡単な足し算を連続して行い、作業量の変化をもとに、モチベーション度、緊張持続度、注意集中度、疲労度、休憩の効果などから人格を診断

クマ先生の **特選チェック**

1 WAIS -Ⅳは、幼児を対象としている。

2 PFスタディは、連続した単純な作業を繰り返す検査である。

答え 1 ×：16歳〜90歳11か月の成人を対象としている。

2 ×：設問の内容は、内田クレペリン精神作業検査である。

14 心理療法

主な心理療法

> 基本問題が毎年出ているんだって

療法	内容
来談者中心療法（パーソンセンタードアプローチ）	セラピストの共感的理解が必要であるとし、感情の反射、繰り返し、明確化などの技法を用いる（ロジャース）
精神分析療法	無意識下に抑圧された葛藤や願望を、自由連想法を用いて意識化し、問題の原因を探る（フロイト）
行動療法	問題行動は誤った行動を学習した結果ととらえ、問題行動の消去や適応行動の強化を学習理論に基づき行う（アイゼンク）
認知療法	不適応行動のもとになっている自己への評価の低さや、自己非難に伴う否定的な感情を変える認知的再体制化によって行動を改善する（ベック）
論理療法	ある出来事をどのように捉えるのか(信念)で結果が変わるとし、この信念を合理的・現実的に再構成する（エリス）
遊戯療法（プレイセラピー）	玩具や遊具を用いた遊びを通し、子どものコミュニケーション手段、表現手段の向上を目指す（アンナ・フロイト、クライン）
箱庭療法	クライエント（年齢は問わない）が心の世界を箱庭内につくり、そこに表れるテーマを系統的に理解する（ローエンフェルトが開発、カルフが発展）

> 系統的脱感作法などの行動療法は、しばしば出題されているんだ。キーワードは不安階層表！

療法	内容
心理劇（サイコドラマ）	即興劇による集団の相互作用から、参加者の役割意識に変化を促し、自発性の回復を試みる（モレノ）
森田療法	神経症患者などに用いる。1週間の絶対臥褥期の後、自発的な作業を通し外界と精神的現実を受け入れていく（森田正馬）
内観療法	自分の身近な人に「してもらったこと」「して返したこと」等を通して、自らの存在価値や責任を自覚する（吉本伊信）
動作法	動作方法を変えることにより、心のあり方の変化や自己肯定感の向上など、心理的安定を促す（成瀬悟策）
家族療法	家族を一つのシステムとして捉え、クライエントが抱える問題を家族全体の問題として捉える（ミニューチン、ヘイリー、サティア）
ブリーフ・セラピー（短期療法）	短い治療期間の中で特定の問題に焦点をあてた解決を行う、問題志向アプローチと解決志向アプローチがある
心理教育	クライエント本人やその家族が病気や障害に関する知識を理解し、今後起こりうる問題に主体的にかかわる術を習得する

 森田療法には、入院式と外来式があるんだ。うつ病にも適用が試みられているよ

内観療法には、集中内観と日常内観がありますね！

法制度・動向

福祉に関連する制度と最近の動向

その調子！

日本の社会保障制度の歴史

社会保障制度審議会による提言

50年勧告	社会保障の範囲を社会保険、国家扶助（公的扶助）、公衆衛生、社会福祉と定義、社会保障は保険的方法と国家扶助の双方で行うとした
62年勧告	公的扶助は貧困階層、社会福祉は低所得者階層、社会保険は一般階層を施策の中軸に位置づける
95年勧告	・社会保障の基本理念は、広く国民に健やかで安心できる生活を保障すること ・介護保険制度の創設を提言

戦後の社会保障制度の目的は、「生活の最低限度の保障」だったけど、近年では「広く国民に安定した生活を保障するもの」へと変わったんだ

社会保障制度の歴史

最初の社会保険は医療保険、次に年金保険♪

年	成立・出来事	内容
1922年	健康保険法	被用者を対象とした日本で最初の社会保険制度（施行は1927年）
1933年	国民健康保険法	任意実施の地域保険
1939年	船員保険法	公的年金保険制度は日本で初。医療保険を含む総合保険
1941年	労働者年金保険法	被用者（民間企業の男子工場労働者）を対象とする年金保険

1944年	厚生年金保険法	労働者年金保険法から名称変更。女子労働者と事務職員等に対象拡大
1949年	福祉三法体制の確立	1946年旧生活保護法、1947年児童福祉法、1949年身体障害者福祉法
1950年	生活保護法	1946年の旧生活保護法を大幅に改正
1961年	国民皆保険・皆年金体制の実現	1958年に国民健康保険法改正→国民皆保険、1959年に国民年金法→国民皆年金
1963年	老人福祉法制定	入所型施設や老人家庭奉仕員派遣制度を法定化
1973年	老人医療費無料化・高額療養費制度の創設	同年の老人福祉法の改正により実現
1982年	老人保健法	1983年施行。老人医療費の無料化廃止、一部自己負担の導入
1997年	介護保険法	介護に関する社会保険制度の創設、2000年施行
2006年	高齢者の医療の確保に関する法律	老人保健法を全面改正し、2008年施行。75歳以上の高齢者が別建ての制度に加入する後期高齢者医療制度を創設

老人福祉法の改正で高齢者の医療費の無料化を実現したのですね

それで財政が厳しくなり、老人保健制度の誕生につながるんだ。後期高齢者医療制度までの流れは試験に出やすいから、しっかり覚えておいて

2 年金保険制度

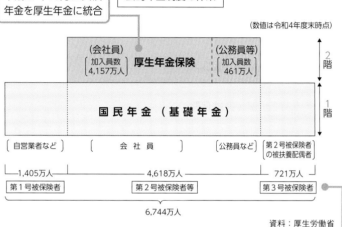

平成27年10月に共済年金を厚生年金に統合

公的年金制度の体系

（数値は令和4年度末時点）

| | （会社員）厚生年金保険 | （公務員等） | 2階 |
| | 加入員数 4,157万人 | 加入員数 461万人 | |

国 民 年 金 （ 基 礎 年 金 ）　1階

［ 自営業者など ］ 　［ 会 社 員 ］ 　［公務員など］ 　第2号被保険者の被扶養配偶者

├─ 1,405万人 ─┤├───── 4,618万人 ─────┤├─ 721万人 ─┤

第1号被保険者　　　　第2号被保険者等　　　　第3号被保険者

6,744万人

資料：厚生労働省

第3号被保険者は第2号被保険者に扶養されている配偶者で、2階部分がないんだ

公的年金の被保険者数・受給者数（延人数）

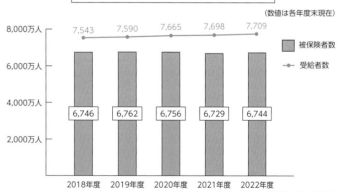

（数値は各年度末現在）

凡例：
- 被保険者数
- 受給者数

受給者数：7,543／7,590／7,665／7,698／7,709

被保険者数：6,746／6,762／6,756／6,729／6,744

2018年度　2019年度　2020年度　2021年度　2022年度

資料：厚生労働省

年金制度の概要

年金の種類	被保険者	
国民年金 (基礎年金)	第1号被保険者	日本国内に住む20歳以上60歳未満の者（自営業者、学生等）
	第2号被保険者	厚生年金保険の加入者（会社員、公務員等）
	第3号被保険者	第2号被保険者に扶養される20歳以上60歳未満の配偶者
厚生年金	適用事業所に就業している70歳未満の者	

 1961(昭和36)年に国民皆年金が実現したよ

国民年金（基礎年金）の支給要件

年金の種類	支給要件
老齢基礎年金	受給資格期間の合計（保険料納付済期間、保険料免除期間、合算対象期間の合計）が10年以上（2017〔平成29〕年8月より）
障害基礎年金	障害認定日において障害等級（1級・2級）の状態に該当し、初診日前に保険料納付済（免除）期間が3分の2以上ある
遺族基礎年金	国民年金の被保険者や老齢基礎年金の受給資格期間（25年以上）を満たす者などが死亡したとき、生計を維持していた子のある配偶者または子に支給

受給資格期間には算入するが、年金額の計算の基礎には含まない「カラ期間」のこと

 第1号被保険者が対象の独自給付（付加年金、寡婦年金、死亡一時金）もあるんだって

厚生年金の支給要件

年金の種類	支給要件
老齢**厚生年金**	老齢基礎年金の受給資格期間を満たした者で、厚生年金の被保険者期間が1月以上ある
障害**厚生年金**	厚生年金の加入期間中に初診日のある障害。障害基礎年金の受給要件を満たしている ①障害厚生年金（1級・2級） 　障害基礎年金に相当する障害（1級・2級） ②障害厚生年金（3級）・障害手当金（一時金） 　障害基礎年金に該当しないが厚生年金保険の障害等級表の障害に該当する
遺族**厚生年金**	厚生年金の被保険者が死亡、老齢厚生年金の受給資格期間を満たした者が死亡した時等

老齢厚生年金の支給開始年齢は2001年度から定額部分が、2013年度から報酬比例部分が引き上げられたんだ

クマ先生の 特選チェック

1 遺族基礎年金は、死亡した被保険者の孫にも支給される。
2 老齢厚生年金は、老齢基礎年金の受給資格期間を満たしていなくても、厚生年金の被保険者期間が1月以上あれば支給される。

答え 1 ×：子のある配偶者または子に支給される。
2 ×：老齢厚生年金は、老齢基礎年金の受給資格期間を満たしていなければ支給されない。

3 医療保険制度

医療保険制度の特徴

制度			特徴
被用者保険	健康保険	協会けんぽ	中小企業等のサラリーマンと家族が加入
		組合	大企業等のサラリーマンと家族が加入。保険者は健康保険組合
	船員保険		船員と家族が加入
	各種共済	国家公務員	国家公務員が加入（20共済組合）
		地方公務員等	地方公務員等が加入（64共済組合）
		私学教職員	１事業団
国民健康保険	国民健康保険		自営業者などが加入、保険者は都道府県（財政運営の責任主体）と市町村（資格管理、給付決定など）
	国民健康保険組合		同種同業の組合員で組織
後期高齢者医療制度			運営主体は都道府県単位の後期高齢者医療広域連合

資料：厚生労働省「令和５年版厚生労働白書」をもとに作成

協会けんぽと船員保険の保険者は、「全国健康保険協会」なんだ！

2018年度から都道府県も保険者になっているのは注目ポイント！

健康保険と国民健康保険（国保）の保険給付

種類	給付内容	保険の種類	
		健康保険	国保
療養の給付	【給付の範囲】①診察、②薬剤または治療材料の支給、③処置・手術その他の治療、④病院・診療所への入院、⑤在宅で療養する上での管理、療養上の世話、看護	○	○
入院時食事療養費	入院中の食事提供に対する費用で、定額の食費の標準負担額（自己負担分）を差し引いた額 【食費の標準負担額】原則1食490円（2024年6月より）※低所得者等は減額される	○	○
入院時生活療養費	療養病床に入院する65歳以上の生活療養に要した費用（食費・居住費）で、定額の標準負担額（原則食費490円＋居住費370円）を差し引いた額	○	○
保険外併用療養費	保険外診療でも厚生労働大臣の定める評価療養（先進医療等）、患者申出療養（未承認薬の使用等）、選定療養（差額ベッド等）は、保険診療との併用が認められる	○	○
訪問看護療養費	かかりつけの医師の指示のもと訪問看護を利用した際の費用	○	○
療養費	やむを得ない事情で保険医療機関外で受けた自費診療費用など	○	○

種類	給付内容	保険の種類	
		健康保険	国保
特別療養費	長期保険料の滞納世帯に交付する「被保険者資格証明書」を提示して医療機関で受診した際の費用（償還払い）		○
移送費	医師の指示で一時的・緊急的必要から移送された際の費用	○	○
埋葬料・費（葬祭費）	被保険者が死亡したとき、埋葬を行った家族に支給（家族以外には埋葬費）。国保では葬祭費として支給	○	○
家族療養費	給付範囲・受給方法・受給期間などは、被保険者の療養の給付と同様	○	
出産育児一時金	被保険者およびその被扶養者の出産時に1児につき50万円を支給	○	○
出産手当金	出産の日以前42日目から、出産の日の翌日以後56日目までの期間、1日につき標準報酬日額の3分の2に相当する額を支給	○	
傷病手当金	病気やけがで休んだ4日目から支給。支給期間は支給を開始した日から数えて1年6か月を限度。支給額は1日につき標準報酬日額の3分の2相当額	○	

金額は自治体で異なるよ

医療保険制度の概要

年齢	医療保険制度	被保険者
75歳未満	被用者保険	同じ職業の者が加入
	国民健康保険	同じ地域に住む者が加入
75歳以上	後期高齢者医療制度	75歳以上の者と65〜74歳で一定の障害認定を受けた者が加入

医療費の自己負担

年齢区分	負担割合
75歳以上	1割（現役並み所得者3割、一定以上所得者2割）
70歳以上75歳未満	2割（現役並み所得者3割）
義務教育就学後〜70歳未満	3割
義務教育就学前	2割

2022（令和4）年10月から、一定以上所得のある75歳以上の人は、現役並み所得者を除き2割負担となったよ

2割負担となるのは、被保険者全体の2割の人！

クマ先生の 特選チェック

1 都道府県は、当該都道府県内の市町村とともに国民健康保険を行う。

（答え）**1** ○

4 介護保険制度

保険者と被保険者

保険者		市町村（特別区を含む）
被保険者	第1号被保険者	市町村に住む65歳以上の者
	第2号被保険者	市町村に住む40歳以上65歳未満の医療保険加入者

市町村で組織する広域連合も保険者になれる

被保険者の種類

第1号被保険者	特別徴収	老齢・退職年金、障害年金、遺族年金の年額が18万円以上ある者は、年金から天引き
	普通徴収	特別徴収の対象者以外の者は市町村が個別に直接徴収
第2号被保険者		医療保険者が医療保険料に上乗せして徴収 ※2017年度の法改正により総報酬割が導入された

第1号被保険者の保険料は市町村が条例により
決定するため、金額は地域によって異なるんだ

医療保険料に上乗せされた第2号被保険者の保険料は、
社会保険診療報酬支払基金から市町村に「介護給付費・
地域支援事業支援交付金」として交付されるよ

介護保険法の目的（第1条）

対象	加齢に伴って生ずる心身の変化に起因する疾病などにより要介護状態となり、入浴、排泄、食事等の介護、機能訓練並びに看護および療養上の管理その他の医療を要する者等
目的	・尊厳を保持し、その有する能力に応じ自立した日常生活を営むことができるよう ・必要な保健医療サービスおよび福祉サービスにかかる給付を行うため ・国民の共同連帯の理念に基づき介護保険制度を設け ・保険給付等に関して必要な事項を定め、もって国民の保健医療の向上および福祉の増進を図る

介護保険だけど必要な医療を対象とする人も含まれるね。目的など長い文章は、区切って声に出して覚えると良いかも

介護保険制度の理念（第2条）

・要介護状態等（要介護状態・要支援状態）の軽減または悪化の防止
・医療との連携
・被保険者の選択に基づき、多様な事業者や施設から適切なサービスを総合的・効率的に提供
・被保険者が要介護状態となっても、可能な限り居宅において、その有する能力に応じ自立した日常生活を営むことができるように保険給付の内容および水準を設定

利用者自らの選択で、事業者・施設との契約による利用者本位の制度

2014年までの介護保険法改正

成立年	主なポイント
2005年	・新予防給付、地域支援事業、地域密着型サービス、地域包括支援センターの創設 ・介護サービス情報公表制度の創設
2011年	・地域密着型サービスに定期巡回・随時対応型訪問介護看護、複合型サービスを創設 ・介護予防・日常生活支援総合事業の創設
2014年	地域包括ケアシステムの構築・費用負担の公平化 ・予防給付の介護予防訪問介護・介護予防通所介護を地域支援事業に移行 ・特別養護老人ホームは原則要介護3以上を対象とする ・一定以上所得のある第1号被保険者の利用者負担割合を2割に引き上げ ・市町村に地域ケア会議の設置努力義務を法定化

地域ケア会議の設置は、保険者である市町村の努力義務なのですね

その調子！

そのとおり。会議は市町村または地域包括支援センターが開催することになっているよ

クマ先生の **特選チェック**

1 2014（平成26）年の介護保険法の改正では、「サービス利用の公平化」が掲げられた。

答え **1** ×：「サービス利用の公平化」ではなく、「費用負担の公平化」である。

2017～2023年までの介護保険法改正

成立年	主なポイント
2017年	・高齢者と障害者（児）が同一事業所でサービスを受けやすくするため、共生型サービスを創設 ・新たな介護保険施設として介護医療院を創設 ・２割負担者のうち、現役並みの所得のある者の利用者負担割合を３割に ・被用者保険間において総報酬割の導入
2020年	・地域共生社会の実現に資するなど国・地方公共団体の責務の見直し ・介護人材確保および業務効率化の取り組み強化 　→介護保険事業計画の見直しなど ・医療・介護のデータ基盤の整備の推進
2023年 ※を除き2024年4月施行	・介護サービス事業者の経営情報を公表する制度の創設 ・介護サービス事業所等における生産性の向上に資する取り組みの努力義務 ・看護小規模多機能型居宅介護のサービス内容の明確化 ・地域包括支援センターの業務の見直し ・介護情報の収集・提供などにかかる事業を地域支援事業に創設※

これまで介護予防支援事業者として指定を受けられるのは、地域包括支援センターの設置者のみだった。2023年の改正で指定居宅介護支援事業者も指定を受けて実施できることになったよ

給付財源（2024〜2026年度）

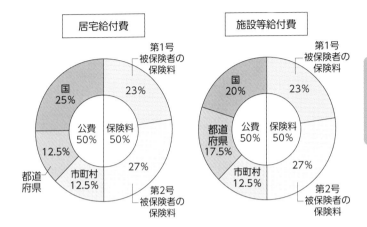

居宅給付費

第1号被保険者の保険料 23%
第2号被保険者の保険料 27%
保険料 50%
公費 50%
国 25%
都道府県 12.5%
市町村 12.5%

施設等給付費

第1号被保険者の保険料 23%
第2号被保険者の保険料 27%
保険料 50%
公費 50%
国 20%
都道府県 17.5%
市町村 12.5%

給付財源（利用者負担分を除く）は公費50%、保険料50%

規則性 で覚えよう

イチゴの　　　　**特**　　　　**典は、**
第1号被保険者　特別徴収　天引き

普通は　　　　**誇張**　　　　**して宣伝される**
普通徴収　　　　個別徴収

クマ先生の 特選チェック

1 2024〜2026年度における介護保険料の内訳は、介護給付費（100%）に対して第1号被保険者の保険料が43%、第2号被保険者の保険料が57%である。

答え **1** ×：公費負担を除く残り50%に対し、第1号被保険者の保険料が23%、第2号被保険者の保険料が27%である。

要介護認定・要支援認定の流れ

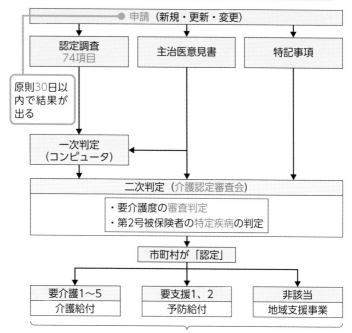

● 申請（新規・更新・変更）

| 認定調査
74項目 | 主治医意見書 | 特記事項 |

原則30日以内で結果が出る

一次判定
（コンピュータ）

二次判定（介護認定審査会）
・要介護度の審査判定
・第2号被保険者の特定疾病の判定

市町村が「認定」

| 要介護1〜5
介護給付 | 要支援1、2
予防給付 | 非該当
地域支援事業 |

認定に不服がある場合は介護保険審査会に不服申立てを行う

介護認定審査会は市町村が設置し、介護保険審査会は都道府県が設置する点に注意！

クマ先生の 特選チェック

1 市町村による認定または非該当の決定は、申請日から原則として60日以内に行われる。

2 介護保険審査会は、市町村が設置する。

（答え） 1 × ：申請日から原則として30日以内に行われる。
2 × ：都道府県が設置する。

介護報酬

定義	介護サービスの事業者が利用者（要介護者・要支援者）に介護サービスを提供した場合、その対価として事業者に支払われる費用（公定価格）
1単位の単価	1単位の単価は10円が基本であるが、サービスの種類ごとに8つの地域区分で地域差を反映
諮問機関	厚生労働大臣が社会保障審議会の意見を聴いて決定
審査機関	国民健康保険団体連合会
改定	原則「3年に1度」

 国民健康保険団体連合会は市町村からの委託を受け、介護給付費等の審査・支払いを行うよ

介護報酬支払いの流れ

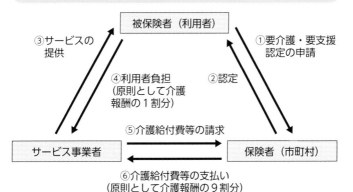

被保険者（利用者）

③サービスの提供

①要介護・要支援認定の申請

④利用者負担（原則として介護報酬の1割分）

②認定

⑤介護給付費等の請求

サービス事業者

保険者（市町村）

⑥介護給付費等の支払い（原則として介護報酬の9割分）

▍地域包括支援センターの専門職と事業内容

専門職	保健師
	社会福祉士
	主任介護支援専門員

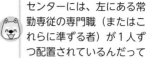

センターには、左にある常勤専従の専門職（またはこれらに準ずる者）が1人ずつ配置されているんだって

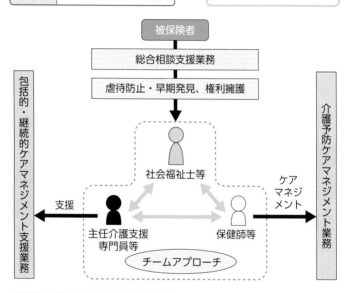

被保険者

総合相談支援業務

虐待防止・早期発見、権利擁護

社会福祉士等

主任介護支援専門員等

保健師等

チームアプローチ

支援

ケアマネジメント

包括的・継続的ケアマネジメント支援業務

介護予防ケアマネジメント業務

地域包括支援センターの機能強化（2015年度〜）

・適切な人員体制の強化
・基幹的センターや機能強化型センター間の役割分担・連携の強化
・地域包括支援センター運営協議会による評価
・取り組みに関する情報公表の実施

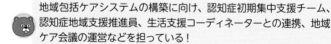

地域包括ケアシステムの構築に向け、認知症初期集中支援チーム、認知症地域支援推進員、生活支援コーディネーターとの連携、地域ケア会議の運営などを担っている！

地域支援事業

法制度・動向

> **介護給付（要介護1〜5）**

> **予防給付（要支援1〜2）**

介護予防・日常生活支援総合事業（総合事業）
（要支援1〜2、それ以外の者）

多様化
- ○ **介護予防・生活支援サービス事業**
  - ・訪問型サービス
  - ・通所型サービス
  - ・生活支援サービス（配食等）
  - ・介護予防ケアマネジメント
- ○ **一般介護予防事業**

包括的支援事業

○ **地域包括支援センターの運営**
  （従来の業務に加え、地域ケア会議の充実）

充実
- ○ **在宅医療・介護連携**の推進
- ○ **認知症施策**の推進
  （認知症初期集中支援チーム、認知症地域支援推進員、
  チームオレンジコーディネーター　等）
- ○ **生活支援サービス**の体制整備
  （コーディネーターの配置、協議体の設置　等）

任意事業

○ **介護給付等費用適正化事業**
○ **家族介護支援事業**
○ **その他の事業**

地域支援事業

 一般介護予防事業は、だれを対象とするものですか？

すべての第1号被保険者とその支援のための活動にかかわる人が対象となるよ

5 労働保険（労災・雇用）

労働者災害補償保険制度の概要

保険者	国（政府）、現業事務は労働基準監督署
適用労働者	事業所に使用されているすべての労働者
適用事業	労働者を1人以上使用する事業
保険料	保険料：労働者の負担はなく、全額事業主負担 保険料率：事業の種類ごとに定める メリット制：過去の業務災害の保険給付実績に応じて保険料率を上下させる
保険の対象	業務災害：事業主の管理下にある状態に起因する災害（負傷・疾病・障害・死亡） 通勤災害：「通勤」の範囲は住居と就業場所との往復、事業所間の移動等

 労災保険は、正社員、アルバイト等の雇用形態や雇用期間を問わず適用されるのですね

 そのとおり。ただし、公務員は「国家（地方）公務員災害補償法」の適用を受けるため、適用除外になるよ

クマ先生の 特選チェック

1 労働者災害補償保険は、公務員を含むすべての労働者に適用されている。

2 労働者災害補償保険に要する費用は、事業主と労働者の保険料で賄われている。

（答え） 1 ×：公務員は適用除外である。
2 ×：保険料負担は事業主のみである。

労災保険の保険給付

給付の種類	給付内容
休業（補償）給付	労災による傷病により休業する際、休業4日目から休業1日につき給付基礎日額の60%を支給
傷病（補償）年金	療養開始から1年6か月が経過した日に、傷病等級第1級から第3級に該当する場合に年金を支給
障害（補償）給付	労災による傷病が治った後に障害が残った場合、障害等級第1級から第7級では年金、第8級から第14級では一時金を支給
遺族（補償）給付	労災により死亡した場合、遺族の数などに応じて年金を支給。年金の受給資格者がいない場合は、その他の遺族に一時金を支給
療養（補償）給付	労災病院や労災指定医療機関で療養を受けた際、現物給付として支給（自己負担なし）
介護（補償）給付	障害・傷病（補償）給付の第1級または第2級の受給者で介護を受けている場合に支給
葬祭料・葬祭給付	労災により死亡した者の葬祭を行う際に支給

障害（補償）給付と遺族（補償）給付には一時金と年金あり♪

給付名で「補償」のあるなしの違いはありますか？

通勤災害に係る給付名には「補償」がつかないよ

雇用保険制度の概要

保険者	国（政府）、現業事務は公共職業安定所（ハローワーク）
被保険者	適用事業に雇用される労働者（31日以上雇用見込みがあり、1週間あたりの所定労働時間が20時間以上である者等）
適用事業	原則としてすべての事業
保険料	・失業等給付、育児休業給付は事業主と労働者が折半 ・雇用保険二事業（雇用安定事業・能力開発事業）は事業主のみが負担
不服申立て	雇用保険審査官に審査請求、労働保険審査会に再審査請求ができる

 被保険者は、一般被保険者、高年齢被保険者、短期雇用特例被保険者、日雇労働被保険者に分類されるよ

被保険者に含まれない者・任意適用

被保険者に含まれない者	4か月以内の期間で行われる季節的事業の雇用者など
任意適用	農林水産業のうち、常時使用労働者数が5人未満の個人経営の場合

クマ先生の 特選チェック

1 雇用保険では、失業等給付、育児休業給付のほか、雇用安定事業、能力開発事業、雇用福祉事業を行っている。

答え **1** ×：雇用福祉事業は行っていない。

雇用保険制度の体系

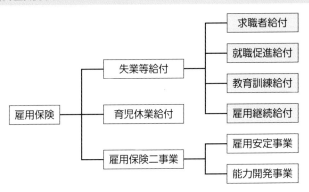

雇用保険

- 失業等給付
  - 求職者給付
  - 就職促進給付
  - 教育訓練給付
  - 雇用継続給付
- 育児休業給付
- 雇用保険二事業
  - 雇用安定事業
  - 能力開発事業

雇用保険二事業の財源は何でしょうか？

事業主のみが負担する保険料が
財源となっているんだ

育児休業給付は、以前は失業等給付に含まれ
ていたけど、2020年度から分離して、独立
した給付となった

🎞 ストーリー で覚えよう

失業したら、　　**職を求め**、　　　　**就き**、
失業等給付　　　　　　求職者給付　　　　就職促進給付

教わり、　　　　　　**続けること**
教育訓練給付　　　雇用継続給付

雇用保険の保険給付

●失業等給付

給付の種類	給付要件
求職者給付 (基本手当)	・求職活動中の生活安定を目的に給付 受給要件：離職前の2年間に通算して12か月以上（倒産・解雇等では、離職前の1年間に通算6か月以上）雇用保険に加入していた者 日額：離職前の賃金日額の5〜8割
就職促進給付	再就職のために就業促進手当（再就職手当、就業促進定着手当、就業手当、常用就職支度手当）等を支給
教育訓練給付	一般教育訓練給付金は、原則として、被保険者期間3年以上の被保険者が、厚生労働大臣指定の教育訓練を修了した際に支給
雇用継続給付	①介護休業給付：家族を介護するために介護休業を取得した場合に支給 ②高年齢雇用継続給付（基本給付金）：60歳以上65歳未満の一般被保険者が働く場合で、以前より賃金が低くなった際に支給

●育児休業給付
原則、1歳（要件を満たせば1歳6か月または2歳）未満の子を養育するために育児休業を取得した場合に支給される

雇用保険二事業   保険料は全額事業主が負担

雇用安定事業	被保険者等の失業の予防、雇用状態の是正、雇用機会の増大等を目的として実施
能力開発事業	被保険者等の職業生活の全期間を通じた能力の開発・向上の促進を目的として実施

6 高額療養費制度

制度の概要

高額療養費の消滅時効は診療月の翌月1日から2年間

高額療養費制度	同一月にかかった医療費が一定の金額（自己負担限度額）を超えた場合、払い戻される制度	
	自己負担限度額	年齢および所得状況等により設定
	世帯合算	自己負担額は世帯（同一の医療保険に加入する家族）で合算
	多数該当	払い戻しが1年間（直近12か月間）で3回以上ある場合、4回目から自己負担限度額をさらに引き下げる

●70歳以上の場合

被保険者の所得区分		自己負担限度額	
		外来（個人）	外来・入院（世帯）
現役並み	課税所得690万円以上	252,600円＋（医療費−842,000円）×1％【年4回目以降 140,100円】	
	課税所得380万円以上	167,400円＋（医療費−558,000円）×1％【年4回目以降 93,000円】	
	課税所得145万円以上	80,100円＋（医療費−267,000円）×1％【年4回目以降 44,400円】	
一般		18,000円（年間上限144,000円）	57,600円【年4回目以降44,400円】
低所得者（住民税非課税）		8,000円	24,600円または15,000円

2024（令和6）年4月現在

7 社会手当

児童手当

2024年10月支給分から

支給対象	・高校生年代までの子どもを監護する父または母のうち、主たる生計維持者等 ・里親または児童福祉施設等の設置者
支給月額	・3歳未満　1万5,000円 ・3歳〜高校生年代　1万円 ・第3子以降3万円
所得制限	設けない

児童手当の所得制限が撤廃され、支給期間も高校生年代までに延長されるよ。第3子以降の加算も年齢を問わず一律3万円となる

社会手当の支給対象

2010年から父子世帯も対象に

名称	支給対象
児童扶養手当	父または母と生計を同じくしていない18歳（障害児は20歳）までの児童の監護養育をしている父母等
特別児童扶養手当	在宅で生活する20歳未満の中等度以上の障害児を養育している父母等
障害児福祉手当	在宅で生活する20歳未満の重度障害児
特別障害者手当	在宅で生活する20歳以上の重度の障害者

8 社会福祉事業

主な社会福祉事業

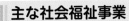
第一種は主に入所型、第二種は主に通所型・在宅サービスだよ

根拠法	第一種社会福祉事業	第二種社会福祉事業
社会福祉法	共同募金	福祉サービス利用援助事業
生活保護法	救護施設、更生施設、宿所提供施設	
老人福祉法	特別養護老人ホーム、養護老人ホーム	小規模多機能型居宅介護事業、認知症対応型老人共同生活援助事業、複合型サービス福祉事業
障害者総合支援法	障害者支援施設	障害福祉サービス事業、一般相談支援事業、特定相談支援事業
児童福祉法	乳児院、児童養護施設、障害児入所施設	放課後児童健全育成事業、授産施設、保育所、児童厚生施設、児童家庭支援センター
母子及び父子並びに寡婦福祉法		母子（父子）家庭日常生活支援事業、寡婦日常生活支援事業、母子・父子福祉施設

法制度・動向

第一種社会福祉事業の経営主体は、国、地方公共団体、社会福祉法人に限られているよ。
第二種社会福祉事業の場合は、制限なし！

9 医療施設

医療法による医療施設の分類

医療圏名	医療施設	概要
第1次医療圏 （市町村）	病院	20床以上の病床（ベッド）
	診療所	19床以下の病床または無床
第2次医療圏 （複数の市町村）	地域医療 支援病院	・地域の病院や診療所を支援 ・都道府県知事が承認 ・病床数200床以上
第3次医療圏 （都道府県）	特定機能 病院	・高度な医療サービスを提供 ・厚生労働大臣が承認 ・病床数400床以上

 病院の病床には①精神病床、②感染症病床、③結核病床、④療養病床、⑤一般病床の5種類があるんだ

 地域医療支援病院は2次医療圏に1か所の整備が目安ですね

24時間体制の医療機関

在宅療養支援 診療所	24時間体制で往診や訪問看護を行う診療所。 2006（平成18）年の診療報酬改定で新設
在宅療養支援 病院	24時間体制で往診や訪問看護を行う病院。 2008（平成20）年の診療報酬改定で新設

 さらに在宅療養支援の機能を強化した機能強化型があるよ

機能強化型は常勤医師3名以上♪

10 福祉に関する計画

福祉行政計画の概要

老人福祉計画と介護保険事業 (支援)計画は一体的に作成

根拠法	計画名(策定者)	計画期間
社会福祉法	市町村地域福祉計画△	概ね5年とし3年で見直すことが適当(策定指針による考え方)
	都道府県地域福祉支援計画△	
老人福祉法	市町村老人福祉計画	規定なし
	都道府県老人福祉計画	
介護保険法	基本指針(厚生労働大臣)	－
	市町村介護保険事業計画	3年を1期
	都道府県介護保険事業支援計画	
障害者基本法	障害者基本計画(国)	2023～2027年度(第5次)
	市町村障害者計画	規定なし
	都道府県障害者計画	
障害者総合支援法	基本指針(厚生労働大臣)	－
	市町村障害福祉計画	3年を1期(基本指針による定め)
	都道府県障害福祉計画	
児童福祉法	基本指針(内閣総理大臣)	－
	市町村障害児福祉計画	3年を1期(基本指針による定め)
	都道府県障害児福祉計画	

根拠法	計画名 (策定者)	計画期間
子ども・子育て支援法	基本指針（内閣総理大臣）	－
	市町村子ども・子育て支援事業計画	5年を1期
	都道府県子ども・子育て支援事業支援計画	
次世代育成支援対策推進法	行動計画策定指針（主務大臣）	－
	市町村行動計画※	5年ごとに5年を1期
	都道府県行動計画※	
	一般事業主行動計画●	計画に定める
	特定事業主行動計画	
健康増進法	基本方針（厚生労働大臣）	－
	市町村健康増進計画△	規定なし
	都道府県健康増進計画	
高齢者医療確保法	医療費適正化基本方針（厚生労働大臣）	－
	都道府県医療費適正化計画	6年ごとに6年を1期
医療法	基本方針（厚生労働大臣）	－
	医療計画（都道府県）	6年ごとに6年を1期
住生活基本法	住生活基本計画（全国計画）	計画に定める
	都道府県住生活基本計画	

無印＝策定義務　△＝策定努力義務　※＝任意策定

子どもの貧困対策法に基づく子どもの貧困対策計画は、都道府県と市町村に策定努力義務が課されているんだ

地域福祉計画の概要

市町村地域福祉計画の策定内容

①地域における福祉サービスの適切な利用の推進に関する事項
②地域における社会福祉を目的とする事業の健全な発達に関する事項
③地域福祉に関する活動への住民の参加の促進に関する事項
※市町村は、市町村地域福祉計画の策定や変更時には、あらかじめ、住民等の意見を反映させるために必要な措置を講ずるよう努める

都道府県地域福祉支援計画の策定内容

①市町村の地域福祉の推進を支援するための基本的方針に関する事項
②社会福祉を目的とする事業に従事する者の確保または資質の向上に関する事項
③福祉サービスの適切な利用の推進及び社会福祉を目的とする事業の健全な発達のための基盤整備に関する事項
※都道府県は、都道府県地域福祉支援計画の策定や変更時には、あらかじめ、住民等の意見を反映させるために必要な措置を講ずるよう努める

計画名が異なるので注意しなくちゃ

「地域福祉活動計画」は、社会福祉協議会が住民や社会福祉に携わる人たちと協力して策定する民間の活動計画なんだ

11 諸外国の社会保障制度

欧米主要国と韓国

イギリス	・2014年「一層型年金」創設：基礎年金と国家第二年金などを統合し、自営業も被用者も同一の年金制度に加入。財源は保険料収入のみ ・1946年「国民保健サービス法」制定：包括的な保健医療サービスを、税財源により原則無料で提供。財源は8割が国庫負担
アメリカ	・1965年「メディケア」と「メディケイド」創設：メディケアは連邦政府が運営する公的医療制度。メディケイドは医療扶助制度 ・2010年「医療保険改革法」制定：全国民に民間保険加入を義務づけ
ドイツ	・1994年「介護保険法」制定：年齢や障害者等の区分なし。在宅の要介護者は介護手当（現金給付）を選択でき、現物給付との併用も可能
スウェーデン	・1982年「社会サービス法」制定：縦割りの行政施策を統合し、権限を中央政府からコミューンに委譲 ・1992年「エーデル改革」（高齢者医療介護改革）：保健医療サービスはランスティング（県に相当）、介護サービスはコミューン（市町村に相当）が担うことになった
韓国	・2007年「老人長期療養保険法」（介護保険法）制定：保険料と租税、利用者負担で構成。条件により現金給付を認める。被保険者は国民医療保険加入者全員

ランスティングは、2019(令和元)年から「レギオン」に改称されたよ

12 高齢社会白書

高齢化の現状と将来像・高齢者の世帯・所得・就業・健康

高齢化の現状	・高齢化率（総人口に占める65歳以上人口の割合）は29.0% ・前期高齢者は総人口の13.5%、後期高齢者は総人口の15.5%を占める
高齢化の将来像	・2070年の総人口は8,700万人まで減少 ・高齢化率は上昇を続け、2070年には38.7%、後期高齢者は25.1%になる
65歳以上の者のいる世帯※	・全世帯の50.6%と約半数 ・高齢者の1人暮らし世帯が増加傾向
高齢者の所得	・「家計にゆとりがあり、まったく心配なく暮らしている」と感じている高齢者は12.0% ・2人以上の世帯で65歳以上世帯主の貯蓄高の中央値は、全世帯の中央値の約1.4倍 ・1世帯あたりの平均所得金額は約333万円で全世帯平均の約6割
高齢者の就業	・労働力人口に占める高齢者の割合は13.4% ・就業率は65〜69歳で約5割、70〜74歳で約3割
健康寿命	2019年時点で男性72.68年、女性75.38年で2010年と比べ延びている

資料：内閣府「令和5年版高齢社会白書」、※は厚生労働省「令和4年国民生活基礎調査」

2022年の合計特殊出生率は1.26と過去最低となった。少子化と人口減少・高齢化はセット。数値にとらわれず傾向を把握しておくことが大切だよ

法制度・動向

国民医療費の動向

国民医療費（令和3年度）

動向は出題多し！
注意しなくちゃ

総額	45兆359億円（前年度比4.8%増） ・人口1人当たり：35万8,800円（同5.3%増） ・国内総生産に対する比率：8.18%（前年度7.99%）
制度区分別	医療保険等給付分：45.7%（被用者保険24.8%、国民健康保険20.2%） 後期高齢者医療給付分：34.9% 公費負担医療給付分：7.4% 患者等負担分：12.1%
財源別	公費：38.0%（国庫25.3%、地方12.7%） 保険料：50.0%（事業主21.6%、被保険者28.3%） 患者負担：11.6%
診療種類別	医科診療医療費：71.9%（入院医療費37.4%、入院外医療費34.5%） 歯科診療医療費：7.0% 薬局調剤医療費：17.5% 入院時食事・生活医療費：1.6% 療養費等：1.0% 訪問看護医療費：0.9%
年齢階級別	0〜14歳：5.4%、15〜44歳：11.9%、45〜64歳：22.1%、65歳以上：60.6% ※人口1人当たり国民医療費：65歳未満…19万8,600円、65歳以上…75万4,000円

国民医療費は1年間に日本で支出された「公費負担医療費」と「医療保険等給付分」に患者の「自己負担」を加えたものだよ

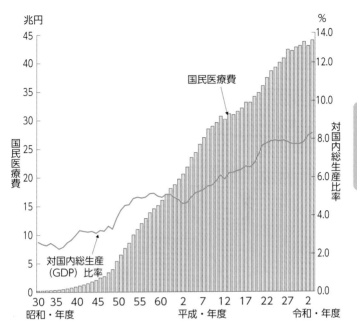

😼ストーリー で覚えよう

財産を増やすためには、
(医療費) 財源

ホット　コーヒーの　缶は控えよう
保険料 ＞ 公費　＞　　患者負担 (の順に割合が高い)

🐻 クマ先生の **特選チェック**

1 「令和3年度国民医療費の概況」(厚生労働省) によると、65歳以上の人口1人当たりの国民医療費は、人口1人当たりの国民医療費よりも低い。

答え **1** ×:65歳以上の人口1人当たりの国民医療費は約75万円で、人口1人当たりの国民医療費(約36万円)よりも高い。

14 社会保障給付費の動向

部門別社会保障給付費の推移

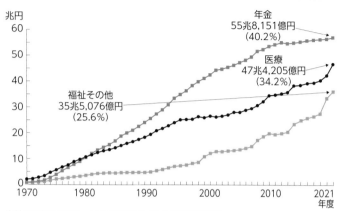

兆円

年金
55兆8,151億円
(40.2%)

医療
47兆4,205億円
(34.2%)

福祉その他
35兆5,076億円
(25.6%)

資料：国立社会保障・人口問題研究所「社会保障費用統計」

社会保障給付費は年金・医療・福祉その他を合わせた額。1981（昭和56）年度、「年金」が「医療」を上回った！

2000（平成12）年度以降の「福祉その他」の増加は、介護保険制度が開始されたからですね

社会保障給付費（令和3年度）

総額	138兆7,433億円（対前年度伸び率は4.9％） ・対GDP比：25.20％ ・国民1人当たり：110万5,500円
部門別	「年金」：55兆8,151億円（40.2％） 「医療」：47兆4,205億円（34.2％） 「福祉その他」：35兆5,076億円（25.6％）
機能別	「高齢」：42.3％、「保健医療」33.1％、「家族」9.4％

 社会保障給付費に占める高齢者関係給付費（年金保険、高齢者医療、老人福祉サービス、高年齢雇用継続の各給付費の合計）の割合は60.1％になるよ

社会保障の財源（令和3年度）

総額	163兆4,839億円（対前年度比21兆2,876億円減）
社会保険料	構成割合46.2％
公費負担	構成割合40.4％ ● 国庫負担が29.3％、他の公費負担（地方自治体）が11.2％
他の収入	構成割合13.3％

資料：国立社会保障・人口問題研究所「令和3（2021）年度社会保障費用統計」

クマ先生の **特選チェック**

1 社会保障給付費の対国内総生産比は20％を超えている。

2 社会保障の財源に占める公費負担の内訳は、国より地方自治体のほうが多い。

（答え） **1** ○

2 ×：国（29.3％）のほうが多い。

地方交付税（令和4年度）

機能	①財政調整機能、②財政保障機能
種類	①普通交付税、②特別交付税（災害等に交付）
財源	国税四税の一定割合で算出
動向	決算額は18兆6,310億円で、前年度と比べ4.5％減、歳入総額に占める割合は15.3％

資料：総務省「令和6年版地方財政白書」

地方交付税は使途を制限しないのですね

そのとおり。でも、国からの国庫支出金は使途が制限されるので注意しよう

国税四税は所得税、法人税、酒税、消費税

ゴロ で覚えよう

国税四税：食後は　ほうじ茶を
　　　　　所得税　　法人税

　　　　消費したので　次は酒
　　　　消費税　　　　酒税

▎民生費（令和４年度）

定義	地方公共団体の歳出のうち、福祉施設の整備および運営、生活保護の実施等の施策に要する経費
決算額	30兆2,720億円（前年度比3.3%減）
財源	一般財源等（63.0%）、国庫支出金（33.4%）、その他（3.6%）
目的別内訳	児童福祉費（33.7%）、社会福祉費（29.7%）、老人福祉費（23.7%）、生活保護費（12.8%）、災害救助費（0.1%）
性質別内訳	扶助費（52.9%）、繰出金（17.9%）、補助費等（14.9%）、人件費（7.2%）

資料：総務省「令和６年版地方財政白書」

えっと、民生費の財源構成は？

一般財源等が63.0%

国庫支出金が33.4%

社会福祉費とは、障害者等の福祉対策や他の福祉に分類できない総合的な福祉対策に要する経費をいうよ

民生費の性質別内訳を団体区分別にみると、都道府県は補助費等が最も多く、市町村は扶助費が最も多くなっている

●民生費の目的別内訳（令和4年度）

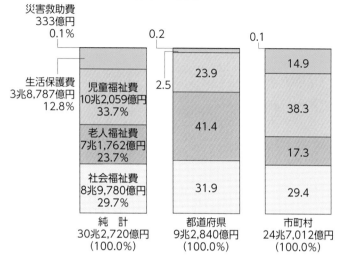

資料：総務省「令和6年版地方財政白書」

民生費は地方公共団体が社会福祉の充実を
目的に使用する経費で、市町村は都道府県
の2倍以上の経費を使っているよ

 クマ先生の 特選チェック

1 地方交付税の財源は、所得税、法人税、固定資産税のそれ
ぞれにつき一定割合を乗じて算出した額が充てられる。

2 民生費の目的別内訳（純計）では、老人福祉費の割合が最
も大きい。

(答え) **1** ×：所得税、法人税、酒税、消費税の国税四税であり、
固定資産税は含まれない。

2 ×：最も大きな割合を占めているのは児童福祉費である。

社会福祉の歴史

福祉の発展過程

イギリスの社会保障の発展過程

イギリスの報告書

ベヴァリッジ**報告** （1942年）	・五巨人悪（窮乏、疾病、無知、不潔、怠惰）に対する社会保障の確立を提唱 ・ナショナル・ミニマムの保障 ・社会保障は社会保険を中心に国民扶助、任意保険を組み合わせて行う
ヤングハズバンド**報告**（1959年）	・ソーシャルワーク機能の再検討、養成の基盤整備を要望
シーボーム**報告**（1968年）	・地方自治体に「社会サービス局」を創設 ・居住、入所保護を統一的に実施
ウルフェンデン**報告**（1978年）	・福祉多元主義（多様な福祉サービスの供給主体の独自の役割を承認）
バークレイ**報告**（1982年）	・コミュニティソーシャルワーカーの任務は社会的ケア計画とカウンセリング
グリフィス**報告**（1988年）	・公的責任に基づくコミュニティケアを進展（ケアマネジャーの配置等の指針） ・コミュニティケアの責任は地方自治体

イギリスではグリフィス報告を受け、1990年に国民保健サービス及びコミュニティケア法が制定され、ケアマネジメントシステムが導入されたんだ

クマ先生の **特選チェック**

1 ベヴァリッジ報告は、多様な福祉サービスの供給主体の独自の役割を承認する福祉多元主義を提唱した。

（答え） **1** ×：ベヴァリッジ報告ではなく、ウルフェンデン報告である。

2 ソーシャルワークの歴史

ソーシャルワークの形成過程

●基礎確立期（～1920年代）

1844年	ロンドンにキリスト教青年会（YMCA）設立
1855年	ロンドンにキリスト教女子青年会（YWCA）設立
1869年	ロンドンに慈善組織協会（COS）設立
1884年	ロンドンにバーネット夫妻が、世界初のセツルメントハウス「トインビー・ホール」設立
1886年	ニューヨークにコイトがセツルメントハウス「ネイバーフッド・ギルド」設立
	ブースがロンドンで貧困調査（地域調査、職業調査）
1889年	シカゴにジェーン・アダムスがセツルメントハウス「ハル・ハウス」設立
1897年	リッチモンドが全米慈善矯正会議で「応用博愛事業学校の必要性」発表
1899年	ラウントリーがヨーク市で貧困調査
1915年	フレックスナーが全米慈善矯正事業会議で講演「ソーシャルワークは専門職か」
1917年	リッチモンドが『社会診断』を発刊
1922年	リッチモンドが『ソーシャル・ケース・ワークとは何か』を発刊
1929年	ミルフォード会議報告書「ジェネリック・スペシフィック論争」

 まだ専門職ではないという結論だったよ

社会福祉の歴史

●発展期（1930年代〜1950年代）

診断派（フロイトの精神分析理論に基づく）	・医学モデル（パーソナリティの問題の原因）に基づく ・援助者がクライエントに働きかける過程 ・自我を強化し、クライエントの社会適応力を増強、問題解決を図る
機能派（ランクの意志心理学に基づく）	・クライエントが援助者に働きかける過程 ・クライエントが置かれている現在の状況に焦点を当て問題解決を図る
1940年	ハミルトン　『ケースワークの理論と実際』を発刊

ゴロで覚えよう

昨日の　　売上ランクインして
機能派　　　　　ランク

イシシ
意志心理学

人と環境との交互作用に焦点を当て、両者の調和を目指す♪

クマ先生の　特選チェック

1 1869年にシカゴで慈善組織協会（COS）が設立された。

2 フロイトの精神分析を理論的支柱とした見解を機能派という。

（答え）**1** ×：シカゴではなく、ロンドンで設立された。

　　　　2 ×：機能派ではなく、診断派である。

● 展開期 (1950年代〜1990年代)

1954年	マイルズが「リッチモンドに帰れ」と主張
1957年	パールマン『ソーシャル・ケースワーク – 問題解決の過程』を発刊 （4つのPを示す：人、問題、場所、過程）
1964年	ホリス『ケースワーク – 心理社会療法』を発刊
1970年	バートレット『ソーシャルワーク実践の共通基盤』を発刊（価値、知識、介入）
1975年	ハートマンがエコマップを考案する
1980年	ジャーメイン、ギッターマンが「生活モデル」と「生態学的アプローチ」を提唱
1986年	パールマンが4つのPに2つのP（専門職、制度・政策）を加える
1990年代	ジェネラリスト・ソーシャルワークへの体系化

▌「ソーシャルワークのグローバル定義」（2014年）

国際ソーシャルワーカー連盟（IFSW）の定義

・ソーシャルワークは、社会変革と社会開発、社会的結束、および人々のエンパワメントと解放を促進する、実践に基づいた専門職であり学問である
・社会正義、人権、集団的責任、および多様性尊重の諸原理は、ソーシャルワークの中核をなす
・ソーシャルワークの理論、社会科学、人文学、および地域・民族固有の知を基盤として、ソーシャルワークは、生活課題に取り組みウェルビーイングを高めるよう、人々やさまざまな構造に働きかける

 定義は各国・世界の各地域で展開してもよいとされているよ

地域福祉の発展過程

日本の地域福祉の歩み

年	出来事
1891年	アメリカの宣教師アリス・ペティ・アダムスが日本初のセツルメント「岡山博愛会」を設立
1897年	片山潜が東京・神田三崎町に「キングスレー館」を設立（幼稚園、市民夜学校、労働者教育等）
1908年	渋沢栄一が慈善団体の全国組織である「中央慈善協会」を設立、初代会長に就任
1917年	岡山県知事笠井信一が済世顧問制度を創設
1919年	長谷川良信が「マハヤナ学園」を設立
1936年	方面委員令公布（民生委員制度の源流となる、方面委員制度の全国的な制度化）
1966年	牧賢一が『コミュニティ・オーガニゼーション概論』を著し、アメリカの理論を紹介
1969年	東京都社会福祉審議会答申「東京都におけるコミュニティケアの進展について」の中で、「コミュニティケア」の用語が初めて公式に用いられる
1971年	中央社会福祉審議会答申「コミュニティ形成と社会福祉」が、社協主体の地域組織化活動の促進、住民参加による地域福祉計画の策定等を提案
1979年	全社協「在宅福祉サービスの戦略」
1984年	全社協「地域福祉計画―理論と方法」（公私協働の地域福祉計画の取組みの必要性を提起）
1990年	社会福祉関係八法改正（社会福祉事業法に「在宅福祉」を明記）

年	出来事
2000年	社会福祉法制定（「地域福祉の推進」、「地域福祉計画」を規定）
2002年	厚生労働省「市町村地域福祉計画及び都道府県地域福祉支援計画策定指針の在り方について（地域福祉計画策定指針）」（市町村地域福祉計画に盛り込む事項を提示）
2005年	国民生活審議会総合企画部会報告書「コミュニティの再興と市民活動の展開」
2009年	地域包括ケア研究会「地域包括ケア研究会報告書〜今後の検討のための論点整理〜」
2012年	全社協「社協・生活支援活動強化方針―地域における深刻な生活課題の解決や孤立防止に向けた社協活動の方向性―」
2014年	包括的支援事業の包括的ケアマネジメント支援業務を効果的に実施するため、地域ケア会議を介護保険法に規定（市町村に設置の努力義務）
2018年	介護保険法の地域支援事業に、生活支援コーディネーター（地域支え合い推進員）の配置が位置づけられ、高齢者の社会参加・生活支援の充実を推進
2021年	社会福祉法の改正により、相談支援、参加支援、地域づくりの事業を市町村が一体的に実施する重層的支援体制整備事業を創設

🐻 クマ先生の **特選チェック**

1 方面委員制度は、岡山県で発足した済世顧問制度を始まりとし、後に方面委員令により全国的な制度として普及した。

（答え） **1** ○

歴史

 源流は1908年設立の中央慈善協会

年	出来事	内容
1951年	中央社会福祉協議会（現：全国社会福祉協議会）の設立	日本社会事業協会、全日本民生委員連盟、同胞援護会が合併し設立
		社会福祉事業法が制定され、全国社会福祉協議会、都道府県社会福祉協議会が法制化
1957年	社会福祉協議会当面の活動方針	社会福祉協議会の存在意義と活動の方向を示す
1962年	社会福祉協議会基本要項	社会福祉協議会の基本的機能をコミュニティ・オーガニゼーションの方法の地域社会への適用とした
1966年	社会福祉協議会活動の強化について	福祉活動専門員の配置が法人化の条件に。国庫補助が開始
1979年	『在宅福祉サービスの戦略』	行政と民間が連携して在宅福祉サービスを充足する方策が示された
1992年	新・社会福祉協議会基本要項	①住民ニーズ基本の原則、②住民活動主体の原則、③民間性の原則、④公私協働の原則、⑤専門性の原則
2012年	社協・生活支援活動強化方針	今日の地域における深刻な生活課題や孤立等の地域福祉の課題に応える社協活動の方向性と具体的な事業展開を示す

 市町村社会福祉協議会の法制化は1983年だよ

名称が似てるから注意しなくちゃ

配置される職員

名称	設置、養成	役割
福祉活動専門員	市区町村社会福祉協議会に配置	市区町村区域の民間社会福祉活動の推進
福祉活動指導員	都道府県および指定都市社会福祉協議会に配置	都道府県、指定都市区域の民間社会福祉活動の推進
企画指導員	全国社会福祉協議会に配置	民間社会福祉活動の総合的な調査・研究・企画立案

🎥ストーリー で覚えよう

職員は全国が企画し、都道府県が指導し、
　　　　　　企画指導員　　　　　　　　福祉活動指導員

市区町村が専門性を高める
　　　　福祉活動専門員

🐻クマ先生の 特選チェック

1 1951（昭和26）年に、のちの全国社会福祉協議会である中央社会福祉協議会が設立された。

2 1960年代には市町村社会福祉協議会の法制化が実現し、その組織体制が整備された。

(答え) **1** ○

2 ×：市町村社会福祉協議会の法制化は、1983年である。

5 公的扶助制度の歴史

┃イギリスの歴史

 この流れは覚えておかなくちゃ

年	法、思想、調査	内容
1601年	エリザベス救貧法	・無能貧民（労働能力なし） 　→親族の扶養、救貧院での保護 ・有能貧民（労働能力あり） 　→労役場での就労強制 ・児童（孤児等）→奉公を強制
1722年	労役場（ワークハウス）テスト法	労役場への収容を救済の条件とした
1782年	ギルバート法	有能貧民に院外での救済を実施（就労の斡旋など）
1795年	スピーナムランド制	最低生活水準に満たない貧民への賃金補助
1834年	新救貧法	・救済水準を全国均一にした（救貧行政の中央集権化） ・院外救済禁止→有能貧民は労役場（ワークハウス）に収容 ・劣等処遇の原則→救済を受ける貧民は、最下層の自立労働者の最低生活水準以下にする

ギルバート法は院外救済、新救貧法は救済縮小！

新救貧法は、貧困の自己責任などを説いたマルサスの『人口論』を思想的根拠に、救済の縮小化を目指したんだ。この新救貧法の廃止を主張したのがウェッブ夫妻だよ

日本の歴史

年	制度	対象	内容
1874年	恤救規則	無告の窮民（生活状況を告げることができない人々）	人民相互の情誼：村落共同体による救済、米代を支給
1929年	救護法	貧困のために生活できない65歳以上の老衰者、13歳以下の幼者など	居宅保護が原則、4種類の救護（生活扶助・医療・助産・生業扶助）と埋葬費
1946年	旧生活保護法	原則無差別平等だが、欠格条項あり（素行不良者は除外）	国家責任による保護の明文化、5種類の扶助（生活・医療・助産・生業・葬祭）
1950年	生活保護法	無差別平等で欠格条項なし	憲法第25条（生存権）に基づく保護請求権、不服申立て制度、8種類（当初7種類）の扶助（生活・医療・出産・生業・葬祭・住宅・教育・介護）

社会福祉の歴史

民生委員は旧生活保護法では補助機関、現行の生活保護法では協力機関だよ。補助機関はわかるかな？

社会福祉主事ですね！

●●●規則性 で覚えよう

救護は扶助4種類
9 − 5 = 4

生活保護は25条に基づく
5 × 5 = 25

 高齢者福祉をめぐる動向

高齢者の保健福祉施策の展開

 1970年に高齢化率が7%を超え、高齢化社会に突入！

年	法律名等	主な内容
1963年	老人福祉法	養護老人ホーム、特別養護老人ホーム、軽費老人ホーム、老人家庭奉仕員派遣制度等の法定化
1973年	老人福祉法改正	老人医療費支給制度により70歳以上の老人医療費を無料化
1982年	老人保健法	老人医療費無料化を廃止、高齢者に自己負担を求め、公費・医療保険者の拠出金を財源に。医療以外の保健事業も規定
1989年	高齢者保健福祉推進十か年戦略（ゴールドプラン）	施設福祉、在宅福祉の10年間の整備目標。「寝たきり老人ゼロ作戦」を展開
1990年	老人福祉法改正	老人福祉施設等の入所事務の措置権が都道府県から町村に移譲
1994年	新・高齢者保健福祉推進十か年戦略（新ゴールドプラン）	21世紀までの介護基盤の量的整備を規定
1995年	高齢社会対策基本法	高齢社会対策にかかる基本理念。政府は5年ごとに高齢社会対策大綱を定める

年	法律名等	主な内容
1997年	介護保険法	施行は2000年。高齢者介護に対する、社会保険方式による新たな制度を創設
1999年	今後5か年間の高齢者保健福祉施策の方向（ゴールドプラン21）	介護保険制度の施行に向け策定、活力ある高齢者像の構築、高齢者の尊厳の確保と自立支援などを目標に掲げる
2006年	高齢者の医療の確保に関する法律	老人保健法を全面改正・改称し、2008年施行。後期高齢者医療制度が始まる
2013年	認知症施策推進5か年計画（オレンジプラン）	標準的な認知症ケアパスの作成・普及、若年性認知症施策の強化など今後の認知症施策の方向性を示す。その内容を引き継ぎ、新たに項目を加えた認知症施策推進総合戦略（新オレンジプラン）が2015年に策定
2019年	認知症施策推進大綱	若年性認知症の人への支援、社会参加の支援など5つの柱に沿った取り組みを示す
2023年	共生社会の実現を推進するための認知症基本法（認知症基本法）	2024年1月1日施行。認知症の人が尊厳を保持し希望をもって暮らすことができるよう基本理念、国・地方公共団体の責務等、認知症施策の方向性を示す

社会福祉の歴史

老人福祉法→老人保健法→介護保険法→高齢者の医療の確保に関する法律の流れを軸に、どのような施策が行われているか見ておこう

7 障害者福祉をめぐる動向

近年の障害者福祉制度の展開

年	法律名等	主な内容
2003年	支援費制度の導入	自己選択、事業者との契約　※精神障害者は除く
2004年	障害者基本法改正	基本的理念（差別禁止を明文化）、都道府県・市町村の障害者計画の策定義務化
	発達障害者支援法	発達障害の定義、発達障害者支援センター（都道府県、指定都市）
2005年	障害者自立支援法	3障害（身体・知的・精神）一元化、利用者負担（応益負担）、障害程度区分の導入、障害福祉計画の策定（施行は2006年4月～）
2006年	バリアフリー新法	階段や段差を解消することを目的とする（交通バリアフリー法とハートビル法を統合・拡充）
2009年	障がい者制度改革推進本部の設置（内閣府）	「障害者の権利に関する条約」の批准に向けた国内法整備など、障害者に係る制度の集中的な改革の実施などを図る
2010年	障害者自立支援法、児童福祉法改正	利用者負担（応能負担）、相談支援体制の強化、障害児施設の再編
2011年	障害者基本法改正	目的規定と障害者の定義の見直し、地域社会における共生、差別の禁止

年	法律名等	主な内容
2011年	障害者虐待防止法	養護者、障害者福祉施設従事者等、使用者による虐待の禁止
2012年	障害者自立支援法を障害者総合支援法に	対象者に難病を追加、重度訪問介護の対象拡大、グループホームへの一元化、障害支援区分への改定
2013年	障害者差別解消法	差別的取扱いの禁止、合理的配慮の不提供の禁止
2014年	障害者権利条約の批准	差別とは直接差別、間接差別、合理的配慮を行わないこと
	難病の患者に対する医療等に関する法律	難病に関する調査研究の推進、療養環境の整備、医療費助成制度の整備
2016年	障害者総合支援法、児童福祉法改正	障害者の「生活」と「就労」に対する支援の一層の充実、障害児の多様なニーズに対応する支援拡充
	発達障害者支援法改正	定義の改正、基本理念の新設
2017年	障害者総合支援法、児童福祉法改正	高齢者と障害者が同一の事業所でサービスを受けやすくするための共生型サービスの創設
2021年	障害者差別解消法改正	民間事業者に合理的配慮の提供義務化
	医療的ケア児支援法	国・地方自治体、保育所、学校等に医療的ケア児の支援を行う責務
2022年	障害者総合支援法等の改正	障害者等の地域生活における支援体制の充実、障害者の多様な就労ニーズに対する支援など

児童福祉の基盤整備

1963年	児童福祉白書	わが国の児童は「危機的段階」にあるとし、新しい時代の児童観と家庭づくり、家庭生活の安定策を目標とした社会投資や人間投資を主張
	家庭対策に関する中間報告	健全家庭の建設と児童の健全育成をねらいとして、中央児童福祉審議会が提出
1964年	母子福祉法	母子家庭の生活の安定と向上に必要な措置を講じ、母子家庭の福祉増進を図る
1965年	母子保健法	母性や乳幼児の健康の保持・増進を図る

児童の権利に関する条約における４つの権利

生存権	健康・医療の権利、医療施設等に措置された児童の定期的審査、社会保障への権利、生活水準への権利
発達権	家庭的な環境への権利、障害児の権利、教育への権利、休息・遊び・文化的芸術的生活への参加の権利
保護権	親による虐待・放任・搾取からの保護、経済的搾取・有害労働からの保護
市民的自由権	意見表明権、表現・情報の自由、思想・良心・宗教の自由、結社・集会の自由

児童福祉の展開

1997年	児童福祉法改正	保育所入所が措置から「選択利用方式」に変更、児童家庭支援センターの創設など
1999年	児童買春・児童ポルノ禁止法	対象となる行為や量刑等、被害児童の保護について規定
	新エンゼルプラン(平成12〜16年度)策定	保育サービス等子育て支援サービスの充実、仕事と子育ての両立のための雇用環境の整備など
2001年	児童福祉法改正	保育士の法定化(国家資格化)、主任児童委員の法定化
2003年	児童福祉法改正	子育て支援事業(在宅での子育て支援サービスの総称)の法定化
	次世代育成支援対策推進法制定	家庭や地域社会での「子育て機能の再生」の実現を目指す
2004年	子ども・子育て応援プラン(平成17〜21年度)策定	少子化社会対策大綱の掲げる4つの重点課題に沿って、5年間に実施する具体的な施策内容と目標を提示
2007年	児童福祉法改正	地方公共団体に対し、「要保護児童対策地域協議会」の設置を努力義務とするなど
2008年	児童福祉法改正	家庭的保育者(保育ママ)制度の法制化、里親制度の見直しなど
2010年	児童福祉法改正	障害児支援を強化するため障害種別等で分かれていた施設の再編
2010年	子ども・子育てビジョン	家族や親が子育てを担う社会から、社会全体で子育てを支える社会を目指し、具体的数値目標を設定

社会福祉の歴史

2012年	子ども・子育て関連3法制定	関連3法に基づき子ども・子育て支援制度が2015（平成27）年度より施行。市町村を実施主体として子ども・子育て支援給付、地域子ども・子育て支援事業を行う
2013年	子どもの貧困対策の推進に関する法律	子どもの貧困対策を総合的に推進するため、教育支援、生活支援、保護者への就労支援などを規定
2015年	少子化社会対策大綱（3回目の閣議決定）	男性の育児休暇取得促進、多子世帯への支援、若年層の結婚・出産の促進など
2016年	児童福祉法改正	児童福祉法の理念の明確化、養子縁組里親の法定化など
2017年	児童福祉法および児童虐待防止法改正	被虐待児等の保護者に対する指導への司法関与、家庭裁判所による一時保護の審査の導入、接近禁止命令を行える場合の拡大、居宅訪問型児童発達支援の創設など
2019年	子ども・子育て支援法改正	子育てのための施設等利用給付を創設、2019（令和元）年10月から幼児教育・保育の無償化スタート
	児童福祉法等の改正	児童虐待防止対策の強化のため、体罰の禁止の法定化、児童相談所の体制強化などを図る
2022年	こども基本法制定	子どもに関する施策を総合的に推進。子どもが意見を表明する機会の確保などを基本理念に盛り込む
	児童福祉法等の改正	子育て世帯に対する包括的な支援のための体制強化（施行は一部を除き2024（令和6）年4月）

地域福祉・福祉施策
対象別の支援

地域福祉の推進主体など

地域住民等とは、地域住民、社会福祉を目的とする事業を経営する者、社会福祉活動に関する活動を行う者

地域住民等	・相互に協力し、地域住民があらゆる分野の活動に参加する機会が確保されるように、地域福祉の推進に努めなければならない ・福祉サービスを必要とする地域住民やその世帯が抱える多様な地域生活課題を把握し、支援関係機関との連携等により、その解決を図るよう特に留意する
国および地方公共団体	・地域生活課題の解決に資する支援が包括的に提供される体制の整備など地域福祉の推進のために必要な各般の措置を講ずるよう努め、関連施策との連携に配慮するよう努めなければならない
国および都道府県	市町村における重層的支援体制整備事業などが適正かつ円滑に行われるよう、必要な助言、情報の提供その他の援助を行わなければならない

地域住民等は地域福祉の推進主体なのですね！

支援を必要とする人もすべて地域福祉の推進主体だ。国や地方公共団体は、そのための体制整備をするんだ

重層的支援体制整備事業

実施主体	市町村（任意で実施） 下記の支援を一体的に実施する	
事業内容	相談支援（包括的相談支援事業）	属性や世代を問わず、介護、障害、子ども、困窮の相談を一体として受け止める相談支援。支援機関のネットワークで対応
	参加支援（参加支援事業）	利用者のニーズや課題と支援メニューのマッチングをし、社会とのつながりづくりに向けた支援を行う
	地域づくりに向けた支援（地域づくり事業）	世代や属性を超えて交流できる場や居場所を整備し、地域のプラットフォームの形成や地域における活動の活性化を図る
	上記を支える事業として、アウトリーチ等を通じた継続的支援事業、多機関協働事業がある	

参加支援事業では、ひきこもりの人の就労支援など、既存の取り組みでは対応できない狭間のニーズにも対応するよ

クマ先生の 特選チェック

1 地域住民等は、地域生活課題の解決に資する支援が包括的に提供される体制の整備に努めなければならない。

2 市町村は、重層的支援体制整備事業を実施することができる。

（答え）**1** ×：体制整備は国と地方公共団体の努力義務。
　　　　2 ○

共同募金

共同募金の歴史

> 共同募金は、「社会福祉法」に規定される第一種社会福祉事業

1947年	「国民たすけあい運動」として、共同募金運動が始まる
1951年	社会福祉事業法（現：社会福祉法）制定により制度化

共同募金の事業概要

> 共同募金会は、赤い羽根で有名だね

募集区域・募集期間	都道府県の区域を単位として、毎年1回、厚生労働大臣の定める期間に限り行う
運営	・共同募金会は、あらかじめ都道府県社会福祉協議会の意見を聴き、配分委員会の承認を得て、目標額、受配者の範囲、配分の方法を定め、公告しなければならない ・国および地方公共団体は、寄付金の配分について干渉してはならない ・災害等に備えるために準備金を積み立て、他の共同募金会に拠出することができる
配分先	社会福祉事業、更生保護事業その他の社会福祉を目的とする事業を経営する者（国・地方公共団体を除く）

> 共同募金の方法別割合では、戸別募金が最多。実績額では、年間の募金総額は1995年から減少傾向にあるよ

3 民生委員・児童委員

民生委員の役割

民生委員は児童委員と兼務する

民生委員は、社会奉仕の精神をもって、常に住民の立場に立って相談に応じ、必要な援助を行うことにより、社会福祉の増進に努める

民生委員の概要

民生委員の根拠法は「民生委員法」、児童委員は「児童福祉法」だね

待遇	給与は支給されない（活動費〔交通費など〕は除く）
選任	市町村に設置された民生委員推薦会で選考し、都道府県知事に推薦。都道府県知事が地方社会福祉審議会の意見を踏まえて厚生労働大臣に推薦し、厚生労働大臣から委嘱（児童委員も同様）
定数	厚生労働大臣の定める基準を参酌し、都道府県知事が市町村の区域ごとに、市町村長の意見を聴いて都道府県の条例で定める
任期	3年（補欠の任期は前任者の残任期間）
区域	市町村の区域内において、担当の区域または事項を定めて職務を行う
指揮監督	都道府県知事（指定都市・中核市では市長）

民生委員の主な職務

民生委員は非常勤特別職の地方公務員とみなされ、守秘義務が課される

・住民の生活状態を必要に応じ適切に把握する
・民生委員は、福祉事務所や関係行政機関の協力機関であり、福祉事務所やその他の関係行政機関の業務に協力する

4 障害者の雇用施策

障害者雇用促進法

> 身体、知的、精神の三障害が対象となる

	事業主区分	法定雇用率
法定雇用率 2024（令和6）年4月〜 2026（令和8）年6月	民間企業（40人以上の規模）	2.5%
	国、地方公共団体、特殊法人等	2.8%
	都道府県などの教育委員会	2.7%
	※精神障害者は、2018（平成30）年4月より雇用が義務化され、法定雇用率の算定基礎に追加	
現況（令和5年6月1日現在）	民間企業（43.5人以上の規模）に雇用されている障害者の数は、64万2,178人、実雇用率2.33%、法定雇用率達成企業の割合50.1%	

資料：厚生労働省「令和5年　障害者雇用状況の集計結果」

> 従業員規模5人以上の事業所も含めた「令和5年度障害者雇用実態調査」では、雇用されている障害者数は110万7,000人で初めて100万人を突破

> 障害者雇用促進法の改正により、法定雇用率が2024年4月から段階的に引き上げられますね

> 2026年7月には、さらに民間企業、国・地方公共団体等、都道府県などの教育委員会でそれぞれ0.2%ずつ引き上げられる。対象事業主の範囲も2026年7月には37.5人以上になるよ

短時間労働者の算定方法

	週30時間以上	週20時間以上 30時間未満	週10時間以上 20時間未満
身体障害者	○	△	
重度	◎	○	△
知的障害者	○	△	
重度	◎	○	△
精神障害者	○	○（特例措置）	△

○：障害者の労働者1人 = 1人として算定
◎：障害者の労働者1人 = 2人として算定（ダブルカウント）
△：障害者の労働者1人 = 0.5人として算定（ハーフカウント）

2024年4月から、週20時間未満の短い時間でもハーフカウントできるようになったのはなぜですか？

障害の特性で長時間勤務が難しい人の雇用機会を拡大するためだよ。重度の身体・知的障害者、精神障害者が対象になる

短時間労働者でも社会保険に加入できる施策が進められている！

▌納付金制度

障害者雇用納付金	法定雇用率未達成の事業主（労働者数101人以上）は、法定雇用障害者数に不足する障害者1人につき50,000円／月を納付する
障害者雇用調整金	事業主（労働者数101人以上）で、法定雇用率を超えた障害者を雇用している場合、その超えた障害者数1人につき、29,000円／月が支給される

 2024（令和6）年4月からの短時間（10～20時間）労働者の実雇用率の算定に伴い、特例給付金は廃止されたよ

⚾～ ゴロ で覚えよう

農夫は、　　ゴマの
納付金　　　5万円

調整　に　くる
調整金　2万　9,000円

クマ先生の 特選チェック

1 民間企業の法定雇用率は、国・地方公共団体よりも高い水準が課せられている。

2 障害者雇用納付金制度では、法定雇用率未達成企業（労働者数101人以上）から納付金を徴収し、法定雇用率達成企業へ調整金を支給している。

（答え） **1** ×：法定雇用率は、民間企業よりも国・地方公共団体のほうが高く設定されている。
2 ○

5 職業リハビリテーション

関連機関の役割と専門職

機関名	主な役割	専門職
公共職業安定所（ハローワーク）	・障害者試行雇用事業（トライアル雇用）：障害者を短期（最長3か月）の試行雇用として受け入れた事業主に奨励金を支給 ・雇用率未達成企業への指導	就職支援コーディネーター：障害者雇用の専門的知識を有する職員
地域障害者職業センター	職業評価：職業能力を評価し、職業リハビリテーション計画を策定 職業指導：適性検査を通じて、本人の状況を分析 職業準備支援：模擬工場で作業遂行力を確認、職業知識の習得等を支援 ジョブコーチ支援：事業所に職場適応援助者（ジョブコーチ）を派遣	障害者職業カウンセラー：障害者に対する支援（職業評価・職業指導・職業準備支援）、事業者に対する支援 職場適応援助者（ジョブコーチ）：企業に出向き、障害特性を踏まえての専門的なアドバイス
障害者就業・生活支援センター	地域の関係機関と連携し、職業面（職業準備訓練、職場実習のあっせん等）、生活面（健康や日常生活の管理等）の両面から支援を実施	就業支援担当者：就業に関する相談支援 生活支援担当者：日常生活や地域生活に関する相談支援

トライアル雇用者1人につき、40,000円／月が支給されるんだ

地域福祉・福祉施策

6 障害者総合支援法による施策

障害者総合支援法の概要

基本理念 （ポイント）	・障害の有無にかかわらず、基本的人権を享有 ・地域社会における共生の実現 ・社会参加の機会の確保（就労支援の強化） ・生活の場の選択機会の確保 ・社会的障壁の除去	
対象者	●身体障害、知的障害、精神障害、（発達障害を含む）、難病等のある障害者・障害児	
自己負担	負担能力を考慮した応能負担	
サービスの内容	自立支援給付	介護給付、訓練等給付、自立支援医療、補装具
	地域生活支援事業	市町村地域生活支援事業、都道府県地域生活支援事業

> 発達障害者、難病患者も法律の対象範囲に含まれる！

> 2003年に支援費制度、2006年に障害者自立支援法、2013年に障害者総合支援法、の流れを把握しておこう

クマ先生の 特選チェック

1 障害者総合支援法の対象には、難病患者も含まれる。

答え **1** ○

サービス利用の流れ

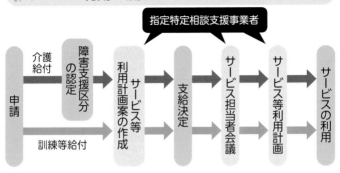

指定特定相談支援事業者

申請 → 介護給付 / 訓練等給付 → 障害支援区分の認定 → サービス等利用計画案の作成 → 支給決定 → サービス担当者会議 → サービス等利用計画 → サービスの利用

支給決定を行うのは市町村♪

介護給付の内容

サービス名	者	児	主な内容
居宅介護 （ホームヘルプ）	○	○	自宅で入浴、排せつ、食事の介護等を行う
重度訪問介護	○		重度の肢体不自由者、知的障害者、精神障害者に自宅で入浴、排せつ、食事の介護、外出時の移動支援、入院時の支援などを総合的に行う
同行援護	○	○	視覚障害により、移動に著しい困難がある人に必要な外出等の支援を行う
行動援護	○	○	自己判断能力が制限されている人が行動するときに必要な支援、外出等の支援を行う

重度障害者等包括支援	○	○	介護の必要性が高い人に居宅介護など複数のサービスを包括的に行う
短期入所（ショートステイ）	○	○	介護者が病気の場合などに、短期間、施設で入浴、排せつ、食事の介護等を行う
療養介護	○		医療と常時介護を必要とする人に、医療機関で機能訓練、療養上の管理、看護、介護、日常生活の世話を行う
生活介護	○		常に介護を必要とする人に、昼間、入浴、排せつ、食事の介護等を行うとともに、創作的活動または生産活動の機会を提供する
施設入所支援	○		施設に入所する人に、夜間や休日、入浴、排せつ、食事の介護等を行う

※者は障害者、児は障害児、利用できるサービスに○をしている

障害児も利用可能なサービスを正確に覚えることが大切だよ

試験で問われることがありますね

重度訪問・療養・生活・施設以外は利用できる！♪

訓練等給付の内容

サービス名	者	児	主な内容
自立生活援助	○		一人暮らし等の障害者に対し、定期的な巡回訪問や随時の対応により日常生活の課題を把握し、必要な支援を行う
共同生活援助（グループホーム）	○		夜間や休日、共同生活を行う住居で、日常生活上の援助や、一人暮らし等に向けた支援などを行う
自立訓練	○		自立した日常生活または社会生活ができるよう、必要な訓練を行う。機能訓練と生活訓練がある。
就労移行支援	○		一般企業等への就労を希望する人などに、一定期間必要な訓練を行う
就労継続支援（A型）	○		一般企業等での就労が困難な人などに、雇用して就労する機会を提供し、必要な訓練を行う
就労継続支援（B型）	○		一般企業等での就労が困難な人などに、就労する機会を提供し、必要な訓練を行う
就労定着支援	○		一般就労に移行した人に、就労に伴う生活面の課題に対する支援を行う

2025（令和7）年10月1日から、就労アセスメントの手法を活用した「就労選択支援」が追加されることも心にとめておこう

地域福祉・福祉施策

7 児童福祉法による施策

主な児童福祉施設

施設名	対象者	措置
乳児院	乳児（必要と認められる場合は幼児の利用も可能）	○
児童養護施設	保護者のない児童、虐待されている児童（必要と認められる場合は乳児の利用も可能）	○
児童心理治療施設	家庭環境や学校の交友関係、その他の環境上の理由により社会生活への適応困難な児童	○
児童自立支援施設	不良行為をなし、またはなすおそれのある児童、家庭環境等により必要と思われる児童	○
母子生活支援施設	配偶者のいない女子とその者が監護すべき児童	－

自立援助ホーム

児童自立生活援助事業（自立援助ホーム）	・自立援助ホームという施設において行う ・対象は義務教育を終了し、児童養護施設等を退所した児童等

クマ先生の 特選チェック

1 乳児院には、保健上、安定した生活環境の確保その他の理由により特に必要な場合、幼児を入院させることができる。

(答え) 1 ○

‖ 里親

専門里親は養育里親の養育経験が３年以上等の要件があるんだ

種類	対象児童	登録有効期間	委託児童人数
養育里親（養子縁組を前提としない）	要保護児童	5年（更新可）	4人まで
専門里親	被虐待児、非行児、障害児等の要保護児童	2年（更新可）	4人まで（被虐待児、非行児、障害児は2人まで）
養子縁組里親	要保護児童	5年（更新可）	4人まで
親族里親	保護者が死亡、行方不明、長期入院等により養育が期待できない児童（扶養義務がある3親等以内）	登録制度はない	4人まで

‖ ファミリーホーム

小規模住居型児童養育事業（ファミリーホーム）	・養育者（養育里親等の経験が必要）の居宅（ファミリーホーム）において行う ・対象は保護者のいない児童や保護が必要な児童 ・定員5〜6人

2008（平成20）年の児童福祉法改正により制度化。社会福祉法における第二種社会福祉事業♪

地域福祉・福祉施策

児童相談所の設置と機能

設置	都道府県・指定都市（義務） 中核市・特別区（任意）
職員	所長、児童福祉司、児童心理司、医師、保健師、保育士、弁護士など
機能	市町村援助、相談、一時保護、措置、権利擁護
民法上の権限	児童相談所長は児童等の親権者の親権喪失・停止等の審判の請求や未成年後見人選任・解任の請求を行うことができる

児童相談所の一時保護

一時保護の方法	・一時保護所において、または適当な者に委託（里親、児童福祉施設など）して行うことができる ・親権者等がいない一時保護中の児童については、児童相談所所長が親権代行
同意の有無	子どもの安全確保のために必要な場合は、子どもや保護者の同意がなくても一時保護が可能
一時保護の期間	原則として2か月を超えてはならず、親権者の意に反して2か月を超える場合、家庭裁判所の承認が必要
一時保護中の子どもへの制限	外出、通学、通信、面会に関する制限は、子どもの安全の確保が図られ、かつ一時保護の目的が達成できる範囲で必要最小限とする

2024年4月から、一時保護等の際には、児童の意見・意向表明や権利擁護に向けた措置が取られるよ

生活保護法による施策

基本原理

原理	内容
国家責任	最低限度の生活を保障し自立を助長
無差別平等	無差別平等に保護を受けることができる
最低生活	健康で文化的な最低限度の生活を保障
保護の補足性	資力調査（ミーンズテスト）の実施、扶養義務や他の法律に定める扶助を優先

被保護人員は、平成27年3月の217万5千人をピークに減少傾向

地域福祉・福祉施策

保護の原則

原則	内容
申請保護	要保護者、扶養義務者、同居親族による申請により開始
基準及び程度	厚生労働大臣が年齢別、性別、世帯構成別、所在地別等に応じて基準を定める
必要即応	個人や世帯の実際の必要性に応じて実施
世帯単位	世帯を単位として要否や程度を決定

なるほど、一律じゃないんだ

実施機関は申請があった日から14日以内に
保護の要否を通知しなくてはならないんだ

ただし、30日まで延長可能

実施機関は原則として都道府県知事、市長および福
祉事務所を管理する町村長ですね。しっかり覚えるぞ！

▌扶助の種類と内容

種類	給付	内容
生活扶助	金銭	衣食その他日常生活に必要な費用や移送に必要な費用。基準は第1類、第2類に区分
教育扶助	金銭	教科書等の学用品、通学用品、学校給食費等の義務教育の修学に必要な費用
住宅扶助	金銭	住居や補修、家賃や契約更新料等、住宅の維持に必要な経費
医療扶助	現物	診療、薬剤、治療材料、医学的処置、手術その他の治療や施術、病院までの移送等
介護扶助	現物	居宅介護、福祉用具、住宅改修等、介護保険を利用する際の支援と同一の内容
出産扶助	金銭	分娩等、出産に必要な経費
生業扶助	金銭	生業に必要な資金や技能修得のための費用、高等学校等への就学費用等
葬祭扶助	金銭	火葬、納骨等、葬祭に必要な費用

生活扶助

第1類（個人単位の経費：食費、被服費）	
第2類（世帯単位の経費：光熱費、家具什器費）	
各種加算（特別の状態に対して加算される）	①妊産婦加算
	②障害者加算
	③介護施設入所者加算
	④在宅患者加算
	⑤放射線障害者加算
	⑥児童養育加算
	⑦介護保険料加算
	⑧母子加算
入院患者日用品費：病院等の入院（1か月以上）に要する経費	
介護施設入所者基本生活費：介護施設の入所に要する経費	
一時扶助：出生、入学等に対する経費	
期末一時扶助：12月の（年末）特別需要に対する経費	

生活扶助は原則として居宅において金銭給付されるのでしたよね

その調子！

そのとおり。母子加算は父母の一方、または両方が欠けている場合に加算される。児童養育加算は高校3年生までの児童・生徒を養育している人が対象だよ

被保護者の権利および義務

権利	不利益変更の禁止	正当な理由なく、決定された保護を保護の実施機関の裁量で不利益に変更されない
	公課禁止	保護金品を標準として租税その他の公課を課せられない
	差押禁止	給与を受けた保護金品やこれを受ける権利は差し押さえられない
義務	譲渡禁止	保護を受ける権利を譲り渡すことはできない
	生活上の義務	能力に応じて勤労に励み、支出の節約を図り、生活の維持、向上に努める
	届出の義務	収入・支出、居住地、世帯構成等に変更があった場合は、速やかに保護の実施機関等に届け出る
	指示等に従う義務	生活の維持、向上等のために受けた指導または指示に従う
	費用返還義務	急迫した場合等において資力があるにもかかわらず保護を受けた場合、受けた保護金品の相当額を返還しなければならない

従わない場合、保護の変更、停止または廃止が行われることもあるんだ

生活保護の実施状況（令和4年度）

被保護実人員数	約202万5千人（1か月平均）
被保護世帯数	約164万3千世帯（1か月平均） ①高齢者世帯（55.6％）、②障害者・傷病者世帯計（24.9％）、③その他の世帯（15.5％）、④母子世帯（4.1％）
保護率（人口100対）	1.62％
年齢階級別	①70歳以上（30.4％）、②60〜69歳（15.7％）、②50〜59歳（16.5％）
種類別扶助人員数（月平均）	①生活扶助（約177万人）②住宅扶助（約174万人）、③医療扶助（約171万人）
種類別扶助世帯数（月平均）	①医療扶助（約145万世帯）、②生活扶助（約143万世帯）、③住宅扶助（約141万世帯）
保護の開始理由	①「貯金等の減少・喪失」（46.1％）、②「傷病による」（18.8％）、③「働きによる収入の減少・喪失」（18.1％）
保護の廃止理由	①「死亡」（50.6％）、②「働きによる収入の増加等」（14.3％）、③「親類・縁者等の引取り・施設入所」（5.1％）

資料：厚生労働省「令和4年度被保護者調査」

保護率の過去最高は戦後1947年の3.77％

保護率は2016年からやや減少傾向なんだって！

地域福祉・福祉施策

保護施設の種類と目的

施設名	施設の設置目的
救護施設	心身の障害のために日常生活が困難な要保護者を入所させ、生活扶助を行う
更生施設	心身の障害により養護および生活指導を必要とする要保護者を入所させ、生活扶助を行う
医療保護施設	要保護者に、医療扶助を行う
授産施設	心身上の理由等で就業能力の限られている要保護者に、生業扶助（就労・技能の修得等）を行う
宿所提供施設	住居のない要保護者の世帯に、住宅扶助を行う

自立支援プログラム

内容	福祉事務所がプログラムを作成 関係機関と連携し、組織的に実施	
プログラム	就労自立の支援	就労による経済的自立を目指す
	日常生活自立の支援	自らの健康管理を行い、自立した日常生活を目指す
	社会生活自立の支援	社会的つながりを回復・維持することを目指す

自立支援プログラムは、地域共生社会の実現のための一環として理解するといいよ

10 生活福祉資金

生活福祉資金貸付制度

実施主体	都道府県社会福祉協議会
窓口	市町村社会福祉協議会
手続き	民生委員または市町村社会福祉協議会で申込み、都道府県社会福祉協議会が決定する
貸付対象者	①低所得世帯（市町村民税非課税程度） ②高齢者世帯（65歳以上の高齢者が属する世帯） ③障害者世帯（障害者手帳等の交付を受けた者が属する世帯）
資金の種類	①総合支援資金（生活支援費、住宅入居費、一時生活再建費） ②福祉資金（福祉費、緊急小口資金） ③教育支援資金（教育支援費、就学支度費） ④不動産担保型生活資金（低所得の高齢者世帯向け、要保護の高齢者世帯向け） ※必要に応じて重複貸付できる

地域福祉・福祉施策

総合支援資金の貸付利子の利率は、連帯保証人を立てた際は無利子。では、立てない場合は？

年1.5%

♪ ゴロ で覚えよう

貸付資金の種類：

お父さん田んぼが大変	ゴウゴウ	吹くし	今日行く？
不動産担保型生活	総合	福祉	教育

生活困窮者自立支援制度

必須事業		**生活困窮者自立相談支援事業**	就労その他の自立に関する相談支援、情報提供、自立支援計画の作成等
		生活困窮者住居確保給付金	就職活動を支えるために家賃相当額を支給（有期）
任意事業	**努力義務**	**生活困窮者就労準備支援事業**	就労に必要な訓練を日常生活自立、社会生活自立段階から実施（有期）
		生活困窮者家計改善支援事業	家計状況の把握および家計改善の意欲を引き出す相談支援、貸付のあっせん
	生活困窮者一時生活支援事業		住居喪失者に対する宿泊場所や衣食の提供等（一定期間）
	生活困窮者子どもの学習・生活支援事業		生活困窮家庭の子どもに対する学習支援、子どもと保護者に対する子どもの生活習慣や育成環境の改善の助言等
	その他		生活困窮家庭の自立を図るために必要な事業

上の表は生活困窮者自立支援法に規定される支援だけど、これ以外にも関係機関・他制度による支援や、ボランティアなどインフォーマルな支援など多様な支援があるんだ

12 就労支援制度の概要

生活保護受給者等就労自立促進事業

概要	ハローワークと福祉事務所の担当者が就労支援プランに基づき実施する
対象者	就職困難・生活困窮者（生活保護受給者、児童扶養手当受給者、住居確保給付金受給者等）
実施体制	支援対象者ごとに就労支援チームを設置 ①事業担当責任者：ハローワークに設置。支援状況の把握や事業全体の管理を担当 ②就職支援ナビゲーター：ハローワークに設置。支援プランの策定、就労支援、就労後のフォローアップ等を担当 ③福祉部門担当コーディネーター：福祉事務所等に設置。支援候補者の選定、ナビゲーターへの支援要請等を担当

求職者支援制度 ●━━━ 求職者支援法に基づく制度

目的	雇用保険を受給できない求職者に職業訓練の受講機会等を提供することにより就職を促進
実施主体	国（ハローワーク）
対象者	雇用保険を受給できない求職者 就労への意欲と基礎的能力がある者
支援内容	職業訓練の受講機会の提供、受講中の職業訓練受講給付金（月額10万円＋交通費）の支給、ハローワークによる受講前・受講中・受講後の就職支援

職業訓練受講給付金には、収入月8万円以下や、世帯全体の収入が月25万円以下などの支給要件があるから注意しよう

13 福祉行政における専門職

配置される専門職

職種	配置	配置義務	根拠法
査察指導員 現業員	福祉事務所	義務	社会福祉法
老人福祉指導主事		都道府県：任意 市町村：義務	老人福祉法
児童福祉司	児童相談所	義務	児童福祉法
身体障害者福祉司	身体障害者更生相談所	都道府県：義務	身体障害者福祉法
	福祉事務所	市町村：任意	
知的障害者福祉司	知的障害者更生相談所	都道府県：義務	知的障害者福祉法
	福祉事務所	市町村：任意	
精神保健福祉相談員	精神保健福祉センター、保健所等	任意	精神保健福祉法
女性相談支援員	女性相談支援センター等	都道府県等：義務 市町村：努力義務	困難女性支援法

福祉事務所や各種更生相談所に従事する専門職は、社会福祉主事でなきゃダメだぞ。なお、社会福祉士は、社会福祉主事の任用資格の1つとされているよ

クマ先生の 特選チェック

1 福祉事務所の現業を行う所員（現業員）は、社会福祉主事でなければならない。

（答え） **1** ○

福祉と法・刑事司法

社会福祉と法のかかわり

1 親権

親権者

親権の対象者		親権者
婚姻中	嫡出子	・父母の共同親権
離婚	嫡出子	・父母のいずれかの単独親権 ・子の出生前に離婚した場合は原則として母の単独親権
婚姻関係なし	非嫡出子	・母の単独親権 ・父が認知している場合、協議により父の単独親権もあり
父母が死亡した場合		未成年後見人

離婚後の共同親権を可能とする民法の改正が検討されているよ。今後の動きに注意しよう

養子縁組の親権者

	親権者	相続権	離縁
特別養子（実親との親子関係は消滅）	養親	養親のみ	特別な理由がある場合に限り、養子、実親、検察官の請求により家庭裁判所が決定
普通養子（実親との親子関係は存続）	養親	実親と養親	協議離縁ができる

養親には離縁請求権はない！

2 相続

相続人の範囲と法定相続分

相続順位	法定相続の範囲と法定相続分			
第1順位	子	1/2	配偶者	1/2
第2順位	直系尊属	1/3	配偶者	2/3
第3順位	兄弟姉妹	1/4	配偶者	3/4

非嫡出子と嫡出子の法定相続分は、原則として同等だよ。また、相続人となるはずの「子」や「兄弟姉妹」が、被相続人より先に死亡していた場合は、相続人の子どもが相続人（代襲相続人）となるよ

相続財産の内容

相続財産に 含まれるもの	所有権、損害賠償請求権、借地権、借家権等の諸権利、金銭債務などの各種義務
相続財産に 含まれないもの	身元保証人の地位、生命保険金、死亡退職金、死亡弔慰金、一身専属権である生活保護受給権

遺留分

直系尊属のみが相続人	被相続人の財産の1/3
その他（配偶者、被相続人の子）	被相続人の財産の1/2

遺留分は、民法により被相続人の意思にかかわらず、兄弟姉妹を除く相続人が相続できる最低限の一定割合を規定する制度だよ

遺言能力

遺言可能年齢	15歳以上	
判断能力が不十分な場合	成年被後見人	複数の医師の立ち会いと遺言書への医師の署名捺印があれば可能
	被保佐人・被補助人	単独での遺言作成が可能

遺言の種類

遺言の種類	内容
自筆証書遺言	・遺言者が、その全文、日付、氏名を自書（財産目録は自書しなくても可）し押印する ・相続時に家庭裁判所による検認が必要
公正証書遺言	証人2人以上が立ち会い、遺言者が公証人に口述（手話も可）、公証人が作成
秘密証書遺言	署名押印した遺言書を証人2人以上が立ち会い、公証人に提出

例えば、子どもがいるのに妻に全財産を相続させるといった遺言は、遺留分を侵害しているので無効になりますか？

法的には遺言は無効にならないよ。だからどんな内容でも書くことはできる。でも、遺留分を遺言で侵害された人は、その侵害額を請求する権利があるよ

4 労働法規

労働基準法の概要

適用範囲	同居の親族のみを使用する会社や家事使用人、公務員、船員を除くすべての労働者
労働条件の原則	労働基準法は労働条件の最低基準を定めたもので、これを理由に労働条件を低下させてはならない
労働条件の決定	労働者と使用者が、対等の立場において決定
均等待遇	国籍、信条、社会的身分を理由に、賃金、労働時間等につき、差別的取扱いをしてはならない
男女同一賃金の原則	女性であることを理由に、賃金について、男性と差別的取扱いをしてはならない
解雇の予告	労働者を解雇する場合は、少なくとも30日前にその予告をしなければならない
最低年齢	児童は、満15歳に達した日以後の最初の3月31日が終了するまで使用してはならない
産前産後	6週間（多胎妊娠では14週間）以内に出産する予定の女性が休業を請求した場合や、産後8週間を経過しない女性は就業させてはならない
就業規則	常時10人以上の労働者を使用する使用者は、所定の事項について就業規則を作成し、行政官庁に届け出なければならない

福祉と法・刑事司法

 労働時間や休憩などの規定は、P193を確認しよう！

労働法規 | 133

関連法の概要

法律名	主な内容
職業安定法	公共職業安定所（ハローワーク）を「職業紹介、職業指導、雇用保険その他この法律の目的を達成するために必要な業務を行い、無料で公共に奉仕する機関」と定める
労働契約法	①同じ職場で5年を超えて勤務している場合、本人の希望に応じて無期限の雇用に転換できる、②無期と有期の待遇に不合理な格差を設けない等
労働者派遣法	①雇用期間が30日以内の労働契約（日雇派遣）を原則禁止、②離職後1年以内の労働者の元の勤務先への派遣を禁止、③派遣会社がグループ企業に派遣する割合を8割以下に制限、④派遣会社が派遣先から受け取るマージン等公表の義務化等
労働安全衛生法	①安全衛生管理 ・安全管理者（建設業等）：常時50人以上の労働者を使用する事業者は選任義務 ・衛生管理者（全業種）：常時50人以上の労働者を使用する事業者は選任義務 ・産業医（全業種）：常時50人以上の労働者を使用する事業者は選任義務 ②医師による健康診断の実施
短時間労働者及び有期雇用労働者の雇用管理の改善等に関する法律	①不合理な待遇差の禁止、②労働者に対する待遇に関する説明義務の強化、③行政による事業主への助言・指導等や裁判外紛争解決手続の整備

略称は、パートタイム・有期雇用労働法

保護処分および刑事処分の流れ

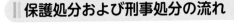
犯罪者や非行少年の処遇には、矯正を目的とした施設内処遇と、更生保護を目的とした社会内処遇がある

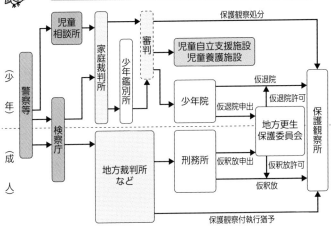

少年法による非行少年の分類

犯罪少年	14歳以上20歳未満の罪を犯した少年
触法少年	14歳未満で刑罰法令に触れる行為をした少年
虞犯少年	20歳未満で将来、罪を犯しまたは刑罰法令に触れる行為をするおそれのある少年(特定少年は適用外)

2021(令和3)年の少年法改正で、18・19歳は「特定少年」となったよ。少年法が適用されるけど、起訴されれば原則20歳以上と同じ扱いとなる

▌仮釈放等

仮釈放や仮退院の決定は、地方更生保護委員会が行う

仮釈放	懲役・禁錮に処せられた者に改悛の状があるとき、有期刑では刑期の1/3、無期刑では10年を経過した後、行政官庁の処分で仮に釈放する
少年院からの仮退院	少年院における処遇が最高段階に達し、保護観察に付することが本人の改善更生のために相当と認められる場合に許される
仮出場	拘留に処せられた者、罰金・科料を完納できず留置された者を、行政官庁の処分で仮に釈放する（保護観察には付されない）

 少年院や刑事施設の長から地方更生保護委員会に対し、仮退院・仮釈放の申出が行われるよ

▌保護観察所における更生保護の担い手

保護観察官 （更生保護法）	地方更生保護委員会（地方委員会）、保護観察所に配置、医学や心理学等の専門的知識に基づき更生保護や犯罪の予防に関する事務に従事
保護司 （保護司法）	犯罪を犯した者や非行のある少年の更生を支援する民間篤志家（ボランティア）。保護司法に基づき、地方委員会や保護観察所の業務に従事。法務大臣から委嘱（任期2年）
社会復帰調整官 （医療観察法）	精神保健観察（指導や助言）等を担当する専門官。社会福祉士、精神保健福祉士、保健師等の有資格者が任用

6 保護観察

保護観察の流れ

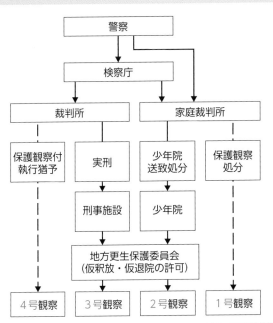

```
                    ┌──────────┐
                    │   警察    │
                    └──────────┘
                         │
                    ┌──────────┐
                    │  検察庁   │
                    └──────────┘
              ┌──────────┴──────────────┐
        ┌──────────┐              ┌──────────┐
        │  裁判所   │              │ 家庭裁判所 │
        └──────────┘              └──────────┘
```

保護観察付 執行猶予	実刑	少年院 送致処分	保護観察 処分

```
                   刑事施設        少年院
                      │             │
                 ┌─────────────────────┐
                 │  地方更生保護委員会     │
                 │ (仮釈放・仮退院の許可)  │
                 └─────────────────────┘
```

4号観察	3号観察	2号観察	1号観察

保護観察の種類

> 保護観察の方法は指導
> 監督と補導援護だよ

号種	保護観察の対象者
1号観察	家庭裁判所の決定で保護観察に付された少年
2号観察	少年院からの仮退院を許された少年
3号観察	刑事施設からの仮釈放を許された者
4号観察	刑法の規定により刑の執行を猶予された者

福祉と法・刑事司法

7 出所者等の生活・就労支援

地域生活定着支援センター

平成23年度末、全都道府県に開設

概要	高齢や障害により自立困難な矯正施設退所者を退所後直ちに福祉サービス等につなげるため、保護観察所と協働する
実施主体	都道府県
業務	・帰住地調整支援（コーディネート業務） ・施設定着支援（フォローアップ業務） ・地域定着支援（相談支援業務）
職員体制	6人配置を基本とし、社会福祉士・精神保健福祉士等1人以上を配置

帰住地調整支援は、入所中から退所後に必要となる帰住予定地での福祉サービスの調整等を実施

自立更生促進センター

概要	親族や民間施設では社会復帰に必要な環境整備ができない刑務所出所者等に、国が設置した一時的な宿泊場所（保護観察所に併設）の提供、保護観察官による指導監督と就労支援を行う
指導	・生活指導 ・個々の問題点（不就労、金銭管理、アルコール依存など）を踏まえた再犯防止プログラム ・園芸療法指導やリラクゼーション療法指導など
就労支援	協力雇用主やハローワークなどと連携して行う

医療観察制度

医療観察制度の処遇の流れ

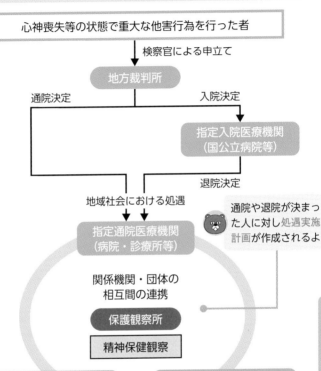

心神喪失等の状態で重大な他害行為を行った者

検察官による申立て

地方裁判所

通院決定　　　　　　　　　　　　入院決定

指定入院医療機関
（国公立病院等）

退院決定

地域社会における処遇

指定通院医療機関
（病院・診療所等）

通院や退院が決まった人に対し処遇実施計画が作成されるよ

関係機関・団体の
相互間の連携

保護観察所

精神保健観察

都道府県・市町村等
（精神保健福祉センター・保健所等）

障害福祉サービス
事業者等

処遇終了決定
通院期間の満了（原則3年間）

医療観察制度による処遇の終了
（一般の精神医療・精神保健福祉の継続）

資料：法務省「医療観察制度」をもとに作成

福祉と法・刑事司法

制度の概要

根拠法	「心神喪失等の状態で重大な他害行為を行った者の医療及び観察等に関する法律（医療観察法）」（2003年成立）	
内容	心神喪失等の状態で重大な他害行為を行った者に対し、地方裁判所が強制的な指定医療機関への入院または通院（原則3年間）を命じ、適切な医療や指導を行うことによって、病状の改善や再発防止、社会復帰を目指す	
保護観察所	生活環境の調査	社会復帰調整官は本人の生活環境（住居や生計、家族等の状況）を調査し、地方裁判所に報告する
	生活環境の調整	社会復帰調整官は指定入院医療機関に入院中の者に対し、退院後に必要な医療や援助の調査・確保など生活環境の調整を行う
	精神保健観察	通院医療期間には、ケア会議が開催され「処遇の実施計画」を作成。社会復帰調整官はこの計画に基づき、必要な指導を行う

対象となる重大な他害行為とは、殺人、放火、強盗、強制性交等、強制わいせつ、傷害だよ

クマ先生の 特選チェック

1 社会復帰調整官は、医療刑務所入所中の者の生活環境の調整を行う。

（答え）**1** ×：指定入院医療機関に入院中の者の生活環境の調整を行う。

権利擁護

権利と生活を守る視点と制度

1 🦉 行政事件訴訟法

行政事件訴訟の種類

抗告訴訟
公権力を行使する行政庁に対する不服の訴訟。5つの訴訟がある
当事者訴訟
対等な関係における行政と私人の訴訟
民衆訴訟
直接的な利害関係者にない第三者が提起する訴訟
機関訴訟
国または地方公共団体の機関相互における権限の存否や行使に関する紛争についての訴訟

抗告訴訟の種類

取消訴訟	処分取消訴訟	行政処分や公権力の行使の取消しを求める
	採決取消訴訟	審査請求、その他不服申立てに対する行政庁の裁決、決定の取消しを求める
無効等確認訴訟		行政行為（処分や採決）について、行政行為の不存在または無効を求める
不作為違法確認訴訟		特別な理由もなく行政処分を行わない場合に、行政処分を行わないことの違法の確認を求める

義務づけ**訴訟**	行政処分や採決を行うべきであるのにしない場合において、行うことを求める
差し止め**訴訟**	行政処分または採決をしてはならないこと（差し止め）を求める

抗告訴訟のうち取消訴訟に限り出訴期間の制限がある。
原則として、処分日から1年または処分があったことを知った日から6か月以内が期限となるよ

行政不服申立て制度・国家賠償制度との相違点

種別	根拠法	内容
行政事件訴訟	行政事件訴訟法	違法な行政行為により私人の権利や利益が侵害された場合に裁判所に救済を求め訴える手続き
行政不服申立て制度	行政不服審査法	違法や不当な行政行為や処分に対し、行政庁等に不服申立てをする制度
国家賠償制度	国家賠償法	公権力の行使にあたる公務員による違法行為や公の営造物の設置・管理の瑕疵による損害に対し、国または地方公共団体に損害賠償を請求

クマ先生の **特選チェック**

1 処分取消訴訟は、行政処分や公権力の行使の取消しを求めるものである。

2 国家賠償制度により公務員個人に損害賠償を請求することができる。

(答え) **1** ○

　　　2 ×：公務員個人への損害賠償請求はできない。

社会保険に係る不服申立て制度（審査請求制度）

	申立て先		申立て内容
審査請求（再審査請求）先	社会保険審査官	社会保険審査会	年金、健康保険の被保険者資格に関する処分や給付に関する処分等
	国民健康保険審査会		国民健康保険の保険給付や保険料に関する処分等
	雇用保険審査官	労働保険審査会	雇用保険給付に関する決定処分等
	労働者災害補償保険審査官		労災保険給付に関する決定処分等
	介護保険審査会		介護保険の要介護認定、保険給付や保険料に関する不服等
	後期高齢者医療審査会		後期高齢者医療給付や被保険者証の交付請求または返還に関する処分等

こちらは再審査請求先。つまり二審制

行政不服審査法では、不服申立ては原則として処分庁等の上級行政庁に、上級行政庁がない場合はその処分庁等に対して行うよ。ただし介護保険法など個別法の定めにより、請求先は行政庁とは限らない

3 医療における権利擁護

患者の権利

インフォームドコンセント（説明と同意）	検査・治療法などを患者に説明し、患者がそれらを理解した上で治療等に同意すること
EBM（根拠に基づく医療）	客観的事象や統計データなどの科学的根拠に基づく医療
セカンド・オピニオン	受けている検査や治療法などについて、主治医以外の医師から意見を得ること
リビング・ウィル	判断能力がなくなった時に、自分に行われる医療行為に対する意思を事前に示しておく
アドバンス・ディレクティブ	将来判断能力を失った際、医療側に対する医療行為の事前指示書
アカウンタビリティ	個人や組織の行動を説明する責任

インフォームドコンセントって、いつから使われているのかな？

1964年のヘルシンキ宣言

クマ先生の **特選チェック**

1 インフォームドコンセントという言葉が初めて示されたのは、世界人権宣言においてである。

（答え） 1 ×：ヘルシンキ宣言においてである。

4 成年後見制度

後見制度の分類

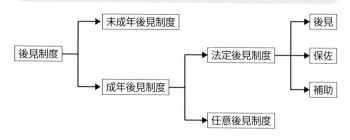

```
                        ┌→ 未成年後見制度              ┌→ 後見
                        │                             │
後見制度 ──────┤                法定後見制度 ──┼→ 保佐
                        │                             │
                        └→ 成年後見制度 ──┤         └→ 補助
                                              │
                                              └→ 任意後見制度
```

法定後見制度は民法で規定されているんだって

後見人等は婚姻や離婚、養子縁組などの意思表示、医療行為への同意はできないので注意しよう

成年後見人は複数でもよく、社会福祉法人やNPO法人などの法人も認められる。保佐人や補助人も同じ

クマ先生の 特選チェック

1 成年被後見人のなした日常生活に関する法律行為については、成年後見人が取り消すことができる。

2 補助開始の審判には、本人の同意は必要とされない。

答え **1** ×：成年後見人が取り消すことはできない。

2 ×：補助開始の審判には、本人の同意が必要である。

法定後見制度の概要

	後見	保佐	補助
対象	判断能力を常に欠く状況にある者	判断能力が著しく不十分である者	判断能力が不十分である者
開始の審判の申立て	本人、配偶者、四親等内の親族、市町村長等の申立権者が、本人の住所地を所轄する家庭裁判所に請求		
開始の審判	被後見人（本人）に成年後見人が選任される	被保佐人（本人）に保佐人が選任される	被補助人（本人）に補助人が選任される
成年後見人等の権限	財産管理権、財産に関するすべての法律行為について代理権、日常生活に関する行為以外の行為についての取消権あり	所定の行為についての同意権と取消権あり。特定の法律行為についてのみ代理権付与の場合あり	特定の法律行為についてのみ同意権・取消権、代理権付与の場合あり
取消権、又は同意権付与時の本人の同意	不要	不要	必要
代理権付与時の本人の同意	不要	必要	必要

 後見開始と保佐開始の審判には本人の同意は不要だけど、補助開始の審判では必要だよ

▌最近の動向

> 成年後見人等に選任された者として最も多かったのは司法書士

申立件数 ※（　）内は対前年比	合計：40,951件（3.1%増） 後見開始の審判：28,358件（1.3%増） 保佐開始の審判：8,952件（9.2%増） 補助開始の審判：2,770件（4.4%増） 任意後見監督人選任の審判：871件 （0.9%減）
審理期間	2か月以内：71.8% 4か月以内：93.7%
申立人と本人との関係	市区町村長：23.6% 本人：22.2% 本人の子：20.0% 兄弟姉妹：11.0%
本人の男女別割合	男性：43.8% 女性：56.2%
本人が65歳以上の割合	男性：男性全体の71.7% 女性：女性全体の86.1%
開始原因	認知症：62.6% 知的障害：9.9% 統合失調症：8.8%
成年後見人等と本人との関係	配偶者、親、子、兄弟姉妹及びその他親族：18.1% 親族以外の第三者(司法書士・弁護士・社会福祉士等)：81.9%

資料：最高裁判所事務総局家庭局「成年後見関係事件の概況（令和5年1月〜12月）」

申立ての動機としては、預貯金等の管理・解約が最も多く、次いで身上保護（監護）となっているよ

5 日常生活自立支援事業

権利擁護

概要

・社会福祉法における「福祉サービス利用援助事業」(第二種社会福祉事業)
・利用者との「契約」に基づき、専門員が支援計画を作成
・施設や医療機関に入所・入院した際も利用可能

実施主体	都道府県・指定都市社会福祉協議会
窓口	市町村社会福祉協議会等
利用対象者	認知症高齢者、知的障害者、精神障害者等で判断能力が不十分な人
利用料	・サービスの提供1回ごとに発生(生活保護受給世帯は無料) ・相談や支援計画の作成は無料
援助者	・専門員(原則、社会福祉士・精神保健福祉士):生活支援員の指導、支援計画の作成等 ・生活支援員:専門員の指示に基づき援助を実施
援助内容	福祉サービスの利用援助、日常的金銭管理等
実施体制	契約締結審査会(実施主体内に設置):「契約締結判定ガイドライン」に基づき、利用希望者の契約締結能力を審査
苦情申立て	都道府県社会福祉協議会に設置される運営適正化委員会(第三者的機関)に行う

 事業の利用には、契約内容が理解できる判断能力が必要だよ

都道府県社協等は、事業の一部を市町村社協や社会福祉法人、NPO法人等に委託できる

6 虐待防止に関する法と動向

虐待防止法

 虐待への対応は頻出だから注意しよう

		児童虐待防止法（平成12年11月施行）	高齢者虐待防止法（平成18年4月施行）	障害者虐待防止法（平成24年10月施行）
対象		保護者が監護する児童（18歳未満）	65歳以上の者（養介護施設に入所する65歳未満の障害者も含む）	身体、知的、精神障害者（発達障害を含む）
虐待の定義	身体的	◯	◯	◯
	心理的	◯	◯	◯
	性的	◯	◯	◯
	ネグレクト	◯	◯	◯
	経済的		◯	◯

 18歳未満の障害児に対する在宅での保護者による虐待は、児童虐待防止法による支援の対象ともなりうるんだ

クマ先生の 特選チェック

1 障害者虐待防止法の対象となる虐待の範囲は、身体的虐待、心理的虐待、性的虐待、経済的虐待の4種類とされている。

(答え) **1** ✕：ネグレクトも含め5種類とされている。

		児童虐待防止法	高齢者虐待防止法	障害者虐待防止法
通報（通告）	発見した人	虐待を受けたと思われる児童を発見した者は通告義務	虐待を受けたと思われる高齢者を発見した場合は通報努力義務。生命、身体に重大な危険が生じている場合は通報義務	虐待を受けたと思われる障害者を発見した者は通報義務
対応	通報（通告）を受けた場合	・児童の安全確認 ・児童委員等による立入調査　など	・安全等の事実確認 ・立入調査　　　　　　など	・安全等の事実確認 ・立入調査　　　　　　など
対応	一時保護	児童相談所による一時保護	市町村による老人短期入所施設等への入所の措置	市町村による障害者福祉施設等への入所の措置
対応	警察署長等	立入調査などへの援助		
対応	措置等	・施設入所等の措置 ・面会・通信の制限 ・接近禁止 ・親権喪失の審判　など	・面会の制限 ・市町村長による成年後見開始の審判　など	・面会の制限 ・市町村長による成年後見開始の審判　など

 虐待に関する通報（通告）は、守秘義務に関する法律の規定に妨げられない！

高齢者虐待防止法に基づく調査結果（令和4年度）

養介護施設従事者等による虐待	種別	身体的虐待57.6%、心理的虐待33.0%、介護等放棄23.2%
	被虐待高齢者の性別・年齢	女性71.7%。年齢では、85〜89歳23.8%、90〜94歳23.5%
養護者による虐待	種別	身体的虐待65.3%、心理的虐待39.0%、介護等放棄19.7%
	被虐待高齢者の性別・年齢	女性75.8%。年齢では、80〜84歳25.3%、85〜89歳20.7%
	虐待者の続柄	息子39.0%、夫22.7%、娘19.3%

虐待の相談・通報件数は、養介護施設従事者等：2,795件（前年度より16.9%増）、養護者：38,291件（同5.3%増）

 介護等放棄はネグレクトともいうから注意しなくちゃ

規則性 で覚えよう

虐待の種別（多い順）
- ◆養介護施設従事者等
  - ①身体的虐待
  - ②心理的虐待
  - ③介護等放棄
- ◆養護者
  - ①身体的虐待
  - ②心理的虐待
  - ③介護等放棄

クマ先生の 特選チェック

1 養介護施設従事者等による高齢者虐待の内容として最も多いものは、「経済的虐待」となっている。

答え **1** ✕：養介護施設従事者等による高齢者虐待の内容として最も多いのは「身体的虐待」である。

児童虐待の防止等に関する法律（児童虐待防止法）

虐待の種類	身体的虐待、心理的虐待、性的虐待、ネグレクト	
通告義務	被虐待児童を発見した場合は福祉事務所、児童相談所に通告しなければならない	
市町村長、福祉事務所長、児童相談所長による対応	安全確認義務	虐待を受けたと思われる児童の安全を確認
都道府県知事による対応	出頭要求	虐待が行われているおそれがある場合、保護者に対し要求
	立入調査	必要に応じて自宅等に立入調査を実施させる
	再出頭要求	立入調査を拒否した保護者に再出頭を要求する
	臨検（強制立入調査）、捜索	裁判所からの許可令状の発付を受け、住居を解錠し立入ることができる
保護者への制限	児童相談所長等は保護者に児童との面会や通信を制限することができる。※一時保護や同意施設入所措置の場合も同様に行える	
実態（令和４年度）	児童虐待相談の対応件数：21万9,170件（児童相談所） 虐待相談内訳：心理的虐待59.1%、身体的虐待23.6%、ネグレクト16.2%、性的虐待1.1%	

 令和４年度の児童虐待相談対応件数は過去最多。心理的虐待の相談対応件数と警察等からの通告の増加が、主な増加要因なんだ

7 DV防止法の概要

配偶者からの暴力の防止及び被害者の保護等に関する法律（DV防止法）

暴力の種類	身体に対する暴力、心身に有害な影響を及ぼす言動など	
通報	配偶者暴力相談支援センター（緊急時：一時保護）、警察官に通報（努力義務）	
保護命令 （地方裁判所）	接近禁止命令	（自宅や勤務先等） 1年間
	退去等命令	（同居の場合） 原則2か月間
	子への接近禁止命令	（学校等）1年間
	罰則	2年以下の懲役または200万円以下の罰金
配偶者暴力相談支援センターにおける相談状況（令和4年度）	相談件数：12万2,211件（女性11万8,946件） 相談の種類別内訳：来所29.2%、電話66.4% 施設の種類別内訳：男女共同参画センター・女性センター28.9%、婦人相談所（女性相談支援センター）26.6%など	

婚姻解消後はどうなるのですか？

婚姻解消後や事実婚もDV防止法の対象だよ

クマ先生の 特選チェック

1 男女共同参画センターは、配偶者暴力相談支援センターとしての機能を有している。

答え **1** ○

ソーシャルワーク
理論と実践の理解

1 社会福祉士及び介護福祉士法

法律に規定される重要事項

法第2条の定義の内容も押さえておこう

登録	社会福祉士の資格を有する者が社会福祉士となるには、厚生労働省令で定める事項の登録を受けなければならない
誠実義務	個人の尊厳を保持し、自立した日常生活を送れるよう、常にその者の立場に立って、誠実にその業務を行わなければならない
信用失墜行為の禁止	社会福祉士の信用を傷つけるような行為をしてはならない
秘密保持義務	正当な理由がなく、その業務に関して知り得た人の秘密を漏らしてはならない。社会福祉士でなくなったあとも同様とする
連携	社会福祉士は、その業務を行うにあたり、地域に即した創意と工夫を行いつつ、福祉サービス関係者等との連携を保たなければならない
資質向上の責務	社会福祉および介護を取り巻く環境の変化による業務の内容の変化に適応するため、相談援助または介護等に関する知識および技能の向上に努めなければならない
名称の使用制限	社会福祉士でない者は、社会福祉士という名称を使用してはならない

相談援助という業務は、社会福祉士に限らず誰でも行うことができるが、名称を用いて業務を行えるのは社会福祉士だけだ。これを名称独占資格というよ

認定社会福祉士・認定上級社会福祉士

認定社会福祉士	・所属組織における相談援助部門で、高度な専門性を発揮できる能力を有する社会福祉士 ・「高齢」「障害」「児童・家庭」「医療」「地域社会・多文化」の分野ごとに認定される 【取得要件】社会福祉士を取得してから実務経験が5年以上、かつ必要な研修の受講など
認定上級社会福祉士	・自らの実践に加え、複数の分野において高度な知識と卓越した技術を有する社会福祉士 【取得要件】認定社会福祉士を取得してから実務経験が5年以上、かつ認定試験に合格など

ソーシャルワーク

認定社会福祉士の名称は永久に名乗れるんですか？

永久ではないよ。認定社会福祉士の資格を5年ごとに更新するか、認定上級社会福祉士を取得・更新する必要がある

クマ先生の 特選チェック

1 国家試験に合格した日から、社会福祉士を名乗ることができる。

2 相談援助という業務は、社会福祉士にのみ認められている。

（答え）1 ×：国家試験に合格し、厚生労働省令で定める事項の登録を受けた後に名乗ることができる。

2 ×：社会福祉士のみに認められる業務（業務独占）ではない。

2 ソーシャルワークのアプローチ

アプローチの概要

	リッチモンド
治療モデル	・インテーク→調査→社会診断→処遇（社会的治療） ・社会環境の改善と利用者のパーソナリティの改良
	トール、ハミルトン
診断主義アプローチ	・精神分析学に基づき、クライエントの問題を心理的側面から分析 ・リッチモンドの流れを受ける
	ロビンソン、スモーリー、タフト
機能的アプローチ	・クライエントの潜在的可能性 ・自由意志と成長の力が損なわれ問題が生じる ・社会的機能を高める ・自我心理学を取り入れたアプローチ
	パールマン
問題解決アプローチ	・ケースワークは治療過程でなく問題解決過程 ・ワーカビリティの活用（クライエントの力：動機づけ、能力、機会） ・援助の構成要素は4つのP（人、問題、場所、過程）に専門家と制度を追加し後年には6つのP ・診断派と機能派の折衷

機能的アプローチは、診断主義アプローチ（後の心理社会的アプローチ）への批判として生まれたんだ

心理社会的 アプローチ	ホリス、ハミルトン
	・「状況の中の人」（全体的な環境の中に存在する人） ・社会的に機能する能力の維持・向上
危機介入 アプローチ	キャプラン、ラポポート
	・危機的状況にあるクライエントに対して早期に介入し、社会的機能の回復に焦点を当てる ・急性の危機の解消
エコロジカ ル・アプロー チ	ジャーメイン、ギッターマン
	・人と環境との交互作用に焦点を当てる ・生活問題は生活空間での不適切な交互作用 ・支援のゴールは人の適応能力を強めること、環境の応答性を増すこと
課題中心 アプローチ	リード、エプスタイン
	・計画的な短期的援助（クライエントが実行可能な課題設定をし、期間を定め実施） ・プラグマティズム（実用主義）に基づく ・問題解決アプローチ ┐ ・心理社会的アプローチ ├ これらの影響を受けている ・行動変容アプローチ ┘

問題解決アプローチを体系化したのはパールマン、4つのPと6つのPがある♫

🐻 クマ先生の **特選チェック**

1 心理社会的アプローチは、診断主義学派と機能主義学派との折衷アプローチであり、両学派の統合を試みた。

（答え）**1** ×：心理社会的アプローチではなく、問題解決アプローチである。

行動変容アプローチ	トーマス
	・学習理論、行動療法の理論を導入 ・望ましい行動を増加させ、望ましくない行動を減少させる（特定の問題行動の変容） ・問題行動の動機や原因にさかのぼらない
ストレングスモデル	サリービー、ラップ、ゴスチャ
	・クライエントの強さ（ストレングス）や能力に焦点を当てる ・「地域は資源のオアシス」（地域の人々や社会にもある強さを活用する）
エンパワメント・アプローチ	ソロモン、デュボイス、ミレイ
	・クライエント自身が本来もつ力（潜在能力）に気づき、引き出すことにより問題に対処
ナラティブ・アプローチ	ホワイト、エプストン
	・クライエントが語るナラティブ（物語）を通して援助を行う ・社会構成主義（現実は人と人との対話で社会的に構成）に基づく主観性と実在性を重視 ・ストレングスモデルの1つ
家族システムアプローチ	ハートマン
	・問題をめぐるシステムに働きかけることで解決に向かうという前提に立ち、最も身近なシステムとしての家族に働きかける

⚾〰 ゴロ で覚えよう

機関車トーマス*で合衆国を今度旅行
　　　　トーマス　　　　学習理論　行動療法

*きかんしゃトーマス：イギリス発祥の幼児向けテレビ番組

解決志向アプローチ(ソリューション・フォーカスト・アプローチ)	バーグ、シェイザー
	・クライエントの解決イメージに焦点を当て、その実現に向けて社会的機能を高める
	・ミラクル・クエスチョンやスケーリング・クエスチョンを用いる●—
	・ブリーフ・セラピー（短期療法）に基づき、短期解決を目指す
実存主義アプローチ	クリル
	・実存主義思想に基づく
	・対象は特定せず、疎外（自らの存在意味がわからない状態）に悩んでいるクライエントを支援
	・「他者とのつながり」を形成することにより、疎外から解放されることを目指す
フェミニストアプローチ	ドミネリ、マクリード
	・フェミニズム思想に基づく
	・女性にとっての社会的な現実を顕在化し、問題の再定義を行う
	・個人のエンパワメントと社会的抑圧の双方を焦点とする
ユニタリーアプローチ	ゴールドシュタイン
	・ソーシャルワークを問題解決として把握し、社会的学習に結びつける
	・一般システム理論をソーシャルワーク理論に導入

ミラクル・クエスチョンは「問題解決後の生活や気持ちの想像を促す質問」、スケーリング・クエスチョンは「今後の見通しなどについて数値に置き換え、評価する質問」だよ

展開過程

エンゲージメント（インテーク）（受理面接）	問題を明確化し、援助の対象者となり得るかを判断する（スクリーニング）

▼

アセスメント（事前評価）	利用者に関する情報を収集し、その中から問題の要因を発見する

プランニング（支援の計画）	利用者の意思を尊重した具体的かつ現実的な計画を決める

インターベンション（介入）	援助計画を実行する

▼

モニタリング（経過観察）	援助によって、課題がどの程度解決しているかを観察・評価する
エバリュエーション（事後評価）	援助の内容やプロセスを振り返り、目標の達成度や効果を検討する

再アセスメント

▼

ターミネーション（終結）	援助により課題が解決したことによって終結する

▼

アフターケア（追跡調査）	終結後の状況を確認し、新たな問題の有無について調べる

4 ケアマネジメント

ケアマネジメントの概要

定義	地域において長期的な利用者の自立支援、生活の質の維持・向上のため、複雑な生活ニーズを把握し、社会資源などを調整・統合すること
過程	①ケースの発見→②アセスメント（事前評価）→③ケース目標の設定とケアプラン（援助計画）の作成→④ケアプランの実施→⑤モニタリング→⑥再アセスメント→⑦終結
ケアプラン作成の過程	①社会生活上での問題点やニーズを明確化 ②①についての望ましい目標や結果を明示 ③必要な援助の種類を明確化 ④供給主体を明示 ⑤必要に応じて、時間数や回数を示す ⑥利用者の自己負担分を見積もる ⑦作成されたケアプランについての了解を得る

「社会資源」には、フォーマルなもの（公的なサービス等）とインフォーマルなもの（家族、友人、近隣、ボランティア等）が含まれている点に注意しよう

クマ先生の 特選チェック

1 ケアマネジメントでは社会資源の活用が必要であるが、これには利用者本人の家族は含まれない。

答え **1** ×：利用者本人の家族は、インフォーマルな社会資源である。

5 グループワーク

コノプカによるグループワークの定義と基本原理

定義	意図的なグループ経験を通じて、個人の社会的に機能する力を高め、また個人、集団、地域社会の諸問題に、より効果的に対処しうるよう、人々を援助するもの
14の原則	①メンバーの個別化 ②グループの個別化 ③メンバーの受容 ④ワーカーとメンバーの意図的な援助関係 ⑤メンバー同士の協力関係の促進 ⑥必要に応じたグループ過程の修正 ⑦参加の原則 ⑧問題解決過程へのメンバー自身の取り組み ⑨葛藤解決の原則 ⑩経験の原則 ⑪制限の原則 ⑫プログラムの活用 ⑬継続的評価 ⑭グループワーカーの自己活用

 個別化の原則ではメンバーの個別化とともに、グループそのものの個別化も重要

クマ先生の 特選チェック

1 プログラム活動は、グループワークの援助方法の一つである。

（答え）**1** ○

グループワークの援助媒体

ワーカーとメンバーの対面的関係	信頼関係の構築
メンバー間の相互作用	相互援助システムによる問題解決
プログラム活動	目標達成のための手段
社会資源	活用する人、物、情報、社会制度等

援助媒体とは、援助目標を達成するために活用する手段や道具のことをいうよ

グループワークの展開過程

段階	定義	援助者の役割や援助のポイント
準備期	メンバーが初めて顔を合わせる前に準備をする段階	・グループの形成計画 ・波長合わせ
開始期	メンバーが初めて集まってからグループとして動き始めるまでの段階	・円滑な開始 ・契約（グループワークの実施理由や目的・意義、支援内容等の説明）
作業期	各メンバーとグループ全体が課題に取り組み、目標達成に向かって進む段階	・媒介機能の展開
終結期	グループ援助を終わりにする段階	・終結と移行の準備 ・移行への援助

6 記録

記録の文体

> 逐語記録はプロセス・レコードともいう

叙述体	圧縮叙述体	出来事の過程を圧縮し、短くして記述する
	過程叙述体	出来事の過程を詳細に記述する
	逐語記録	会話をそのまま記述したもの ●
要約体		要点を整理し、まとめて記述する
説明体		説明や解釈、分析等、説明を加えて記述する

 援助者の思考を通過して整理されるんだ

マッピング技法 ●

> マッピング技法は、言葉だけでは理解しづらい人間関係を、図表を用いて視覚化したもの

技法	考案者	特徴
ジェノグラム （世代関係図）	ボーエン	3世代以上の家族構成と家族関係性を1つの図に表したもの
エコマップ （生態地図）	ハートマン	対象となる世帯を取り巻く社会資源や関係者との関係性を、視覚的に表したもの
ソシオグラム	モレノ	集団内の人間関係や集団構造を明らかにするため、成員相互間の選択・拒否関係を表したもの

> 家族間のコミュニケーションや力関係等を視覚的に表現したものにファミリーマップがある

7 スーパービジョン

スーパービジョンの機能

支持的**機能**	スーパーバイジーを支える情緒的関係であり、バーンアウトの防止、自己覚知の促進とそれに伴う痛みの軽減などの機能がある
教育的**機能**	学習の動機づけを高めたり、知識・技術・価値を伝授したりする機能がある
管理的**機能**	職場環境の整備や、ワーカーが組織の一員として援助活動ができるように管理する機能がある

 その他、スーパーバイジーの援助活動を評価する「評価的機能」を加える場合もあるよ

スーパービジョンの種類

個人スーパービジョン	スーパーバイザーとスーパーバイジーの1対1の関係で行う
グループ・スーパービジョン	スーパーバイザーと複数のスーパーバイジーにより定期的に行う
ライブ・スーパービジョン	面接をしている傍らにスーパーバイジーが座り、同じケースに当たる
ピア・スーパービジョン	「ピア」は「仲間」の意味で、ワーカー同士が互いの共通課題を検討する
セルフ・スーパービジョン	ワーカー自身で行うもので、困難な状況にある過去の自分を客観視する

ゴロ で覚えよう

個人も	グループも	ライブ会場の	ビールは	セルフで
個人	グループ	ライブ	ピア	セルフ

コンサルテーション

定義	他分野や他領域の専門職から、専門的な知識や技術についての助言を受けること
機能	有するのは支持的機能と教育的機能。スーパービジョンとは異なり、管理的機能はない
コンサルタントとコンサルティーの関係	コンサルタントもコンサルティーもそれぞれ専門家であり、両者の関係は任意で対等。コンサルタントは、助言はしてもコンサルティーの業務に責任を負わない
コンサルティーの立場	助言を評価する立場にあり、助言の採用や実行についてもコンサルティーの裁量に任される

他分野や他領域の専門職をコンサルタント、受け手をコンサルティーと呼ぶのですね

そのとおり。コンサルテーションとスーパービジョンの違いをしっかり押さえよう！

クマ先生の 特選チェック

1. 逐語記録では、話し言葉の記録にソーシャルワーカーの説明や解釈を加えて記述する。
2. 他領域の専門職との会話の中から、自分の援助活動についてのヒントを得ることがあるが、これも一種のスーパービジョンである。

答え 1 ×：逐語記録では、会話をそのまま記述する。
2 ×：スーパービジョンではなく、コンサルテーションである。

社会学・社会福祉調査

社会システムや
社会福祉調査の諸理論

1 🦉 社会システム

パーソンズのAGIL機能図式

A	適応（Adaptation）	経済サブシステム
G	目標達成（Goal attainment）	政治サブシステム
I	統合（Integration）	統合サブシステム
L	潜在的パターンの維持と緊張処理（Latent pattern maintenance and tension management）	動機づけサブシステム

社会システムが均衡し存続するには、上記の4つを満たすことが必要だよ

社会階層

	社会的地位を等しくする集合	
社会階層（階層構造）	属性主義（帰属主義）	身分・家柄・性別・年齢等、本人の努力では変更することが困難な属性によって地位が与えられる
	業績主義（実力主義）	個人の能力や業績によって地位が与えられる

公教育の普及、職業選択の自由の増大と機会の平等化により、属性主義社会から業績主義社会へと変化するとされているよ

社会移動

社会移動 (社会階層 間の人の移 動)	**垂直移動**…異なる社会階層間の移動 **水平移動**…同じ社会階層内の移動	
	世代内移動…個人が生涯に経験する移動 **世代間移動**…親と子の世代間で起きる移動	
	強制移動…産業構造の変化等による移動 **純粋移動**…本人の意思による移動	
	庇護移動…既成エリートの選抜による上昇移動 **競争移動**…個人の競争による上昇移動	

社会移動が活発であれば、社会階層の流動性は高い！

垂直と水平、世代内と世代間、強制と純粋、庇護と
競争は、それぞれ移動の対概念になっていますね

社会指標

客観指標	社会システムの活動水準を客観的に測定した もの
主観指標	社会システムの活動の状態に対する人々の意 識（満足度やニーズなど）を測定しようとす るもの

社会指標は、社会システムの活動水準の測定値のこと。
人々の福祉や生活の質に寄与する要因を数量化！

都市化をめぐる諸理論 　貧困層排除につながるとも

都市化	特定の社会の中で都市的集落に住む人口の割合が増加し、その都市的集落に特有の生活様式や社会関係、意識形態が社会全体に浸透していくこと
アーバニズム **（都市的生活様式）**	人口規模が大きく、密度が高く、社会的異質性の高い地域の人びとに見られる特徴的な生活様式（移動性の高まり、親族や近隣を基盤とした統合の弱体化等）
コミュニティ解放論	交通手段や通信手段の発達により、地域という空間に限定されない形で展開
サバーバニズム **（郊外主義）**	大都市の郊外化に伴って形成される、郊外に特徴的な生活様式
インナーシティ	都心とその周辺の地域が、人口流出、住民の高齢化、建物の老朽化などによって衰退していく現象
スプロール現象	都市がその周辺部へと無秩序に広がっていく現象
コンパクトシティ	中心部に生活に必要な諸機能が集中し、効率的で持続可能な都市
テクノポリス	高度技術集積都市で研究機関と住居が一体となった都市
ジェントリフィケーション	都市部を再活性化するため、衰退した地域を整備して高級化すること
サスティナブルシティ	環境を損なわない持続可能な都市

社会集団

クーリーほか	・第一次集団：対面的で親密な結びつきの基本的集団（例：家族、近隣、仲間） ・第二次集団：目的のために意図的に作り上げた集団（例：企業、学校）
テンニース 〔近代化により移行〕	・ゲマインシャフト：愛情など本質意志に基づく共同体的社会（例：家族、村落） ・ゲゼルシャフト：選択意志に基づく目的的な利益社会（例：企業、大都市）
マッキーヴァー	・コミュニティ：地域性に基づく共同生活、共属感情をもつ集団（例：村落、町内会） ・アソシエーション：特定の関心や共通の利害に基づき人工的に作られた集団（例：家族、教会）
サムナー	・内集団：個人がそれと同一視し、愛情や帰属感を抱く「われわれ集団」（例：親族） ・外集団：対立感や敵意が差し向けられる「彼ら集団」
高田保馬	・基礎集団：血縁や地縁によって自然発生的に形成される社会集団（例：家族、村落、小都市） ・派生集団：基礎集団が担ってきた機能をより効果的とするため人為的・計画的に組織される社会集団（例：学校、会社）

 マートンは個人の価値判断や行動に影響を与える集団を「準拠集団」と呼んだのですね！

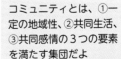 コミュニティとは、①一定の地域性、②共同生活、③共同感情の3つの要素を満たす集団だよ

現に所属していなくても<u>準拠集団</u>になる

4 家族と世帯

家族の概念①

夫婦家族制	結婚によって成立し、夫婦の一方ないし双方の死によって消滅する一代限りの家族で、どの子の家族とも同居しないことを原則とする
直系家族制	子の一人が家の跡継ぎとなり、その家族とだけ同居し、家系が何代も直系的に存続する
複合家族制	複数の子の家族と同居する

家族の概念②

定位家族	自分が生まれ育った家族で、そこで社会化される
生殖家族	自分が結婚して作りあげる家族

家族の形態

核家族	夫婦と未婚の子たちで構成される家族
拡大家族	結婚した子が親たちの家族と同居・隣居する家族
修正拡大家族	結婚した子の家族が親家族の近隣に居を構え、協力し合う家族

修正拡大家族は、いわゆる「スープが冷めない距離」の家族といえるよ

世帯構造

 平均世帯人数は2.25人（2022年）で、減少傾向が続いているんだって

世帯	住居と家計をともにする人々の集まり
単独世帯	世帯員が1人だけの世帯（全世帯の32.9％＝2022年）
核家族世帯	①夫婦のみの世帯 ②夫婦と未婚の子のみの世帯 ③ひとり親と未婚の子のみの世帯
三世代世帯	世帯主を中心とした直系三世代以上の世帯

 高齢者（65歳以上）のいる世帯では、夫婦のみの世帯（32.1％）と単独世帯（31.8％）が上位

婚姻率・離婚率

婚姻率（2022年）	4.1で、前年と同率
離婚率（2022年）	1.47で、前年（1.50）を下回る
50歳時未婚率（2020年）	男性28.3％、女性17.8％

50歳時未婚率は生涯未婚率ともいうよ。「45〜49歳」と「50〜54歳」未婚率の平均値から、算出したものなんだ

 クマ先生の 特選チェック

1 核家族は、一組の夫婦のみにより構成される家族である。

2 世帯には非親族員は含まない。

（答え）**1** ×：夫婦と未婚の子たちで構成される家族である。
2 ×：非親族員であっても、住居と家計をともにしていれば含まれる。

人と社会の関係

社会的役割

役割期待	個人に対して他者や社会が一定の役割を担うように期待すること
役割取得	個人が他者の視点や他者からの期待を自己の内部に取り込み、自らの行為のあり方を形成すること
役割形成	期待された役割を取得するだけでなく、新たな役割を形成すること
役割距離	他者や外部から期待される役割を少しずらして遂行すること
役割猶予	特定の役割を取得する前に、いろいろな役割に挑戦できる猶予期間（モラトリアム）
役割葛藤	個人が複数の役割を担うことで起こる矛盾や対立による心的葛藤や心理的緊張状態

 子どもが「ごっこ遊び」で役割を演じ
ながら自己を形成する過程だよ

社会関係資本（ソーシャル・キャピタル）

パットナム	人々の「つながり」を活発化することにより、社会活動が促進し、社会の効率性が向上する。「信頼」「規範」「ネットワーク」を特徴とする

ソーシャル・キャピタルが豊かな社会は、
市民活動への参加も促進される！

社会的ジレンマ

社会的ジレンマ	個人の合理性と集団・社会における合理性が一致しない現象
囚人のジレンマ	2つの選択肢が与えられた2人のプレーヤーが相手の出方によって自分の利益に違いが出る場合に生じるジレンマ （2人の囚人は黙秘するのが得策であるにもかかわらず、自白したほうが合理的と各々が判断し、結果的に両者とも自白してしまう）
共有地の悲劇	個人が利己的に行動することで、集団全体の利益総体が減少すること
社会的ジレンマの解決策	フリーライダー問題：非協力を選択し、利益のみを享受する人をいかになくすかという問題
	選択的誘因：非協力の場合は罪を、協力的な場合には報酬を与え、協力的行動を選択するように誘因する（オルソン）

フリーライダー？

「ただ乗りする人」
という意味だよ

クマ先生の 特選チェック

1 役割葛藤は、他者や外部から期待される役割から少しずらしたことを行うことをいう。

答え **1** ×：設問の内容は役割距離である。役割葛藤は、個人が複数の役割を担うことで起こる矛盾や対立から、心的葛藤や心理的緊張を感じる状態をいう。

▌社会的行為（ヴェーバー）

行為の定義がよく
出ているんだって

目的合理的行為	目的のために手段として利用する行為
価値合理的行為	結果を度外視した、意識的な信仰による行為
感情的行為	直接の感情や気分による行為
伝統的行為	身についた習慣による行為

ヴェーバーは社会的行為を「その行為が周囲の人々との関連においてなされること」とし、行為者の「主観的な意味」から上記の4つに分類したんだ

▌コミュニケーション的行為（ハーバーマス）

目的論的行為	効果を期待できる手段を選択し、適切な仕方でこの手段を用いることにより目的を実現するもの
戦略的行為	他者の選択を計算に入れながら、自己の目的の実現を目指す行為
規範に規制される行為	共通の価値に照らして行為する集団において、メンバーが相手に要求する、集団内で妥当している規範に一致する行為
演劇論的行為	多少とも目的をもって自分の主体性を明らかにすることで、自分自身の一定の像を観衆の中に植えつける行為
コミュニケーション的行為	言語を媒介として、自己と他者の間で相互了解を目指して行われる相互行為

6 社会問題

社会問題の理論

	代表的提唱者	内容
社会緊張理論	マートン	文化目標とその達成手段の不一致によるアノミー（無規範状態）が逸脱を生む
分化的接触理論	サザーランド	犯罪行動は、周囲の人々との相互作用の過程で学習される
文化遅滞論	オグバーン	物質文化の発展に非物質文化の発展が追いつかず、問題が生じる
ラベリング理論	ベッカー	特定の行為者に、権力者が否定的なレッテルを貼ること（ラベリング）が、逸脱を生む
構築主義	スペクター、キッセ	社会問題は、ある状態を問題とみなす人々のクレイム申立てとそれへの反応を通じて作り出される

社会学・社会福祉調査

先生、文化遅滞論って具体的にはどんなことですか？

自然を開発する技術の進歩に対し、倫理や法の発展が遅れ環境問題が起こる、といった場合だよ

尺度水準

調査対象に割り振った変数や測定で得られたデータを情報の性質に基づき分類する際の基準だよ

	尺度	変数	例	算出可能なもの
質的データ	名義尺度	・順序関係や量的関係のないカテゴリー	性別、国籍、「はい／いいえ」の回答	最頻値
	順序尺度	・順序関係のあるカテゴリー ・カテゴリー間の差は意味を持たない	学歴、「よい／ふつう／悪い」などの程度	中央値 最頻値
量的データ	間隔尺度	・各カテゴリーの間隔が等しく、測定値間の差の関係が成立するもの ・負の値になることもある	気温、年号	標本平均 中央値 最頻値
	比例尺度	・各カテゴリーの間隔が等しく、測定値間に差や比の関係が成立するもの ・絶対原点（0点）を持つ ・負の値になることはない	所得（年収）、身長	標本平均 中央値 最頻値

集計と分析

測定の内容を数量で表したものが変量だよ

1変量の分布	ヒストグラム（棒グラフ）	度数分布表を棒グラフで表した図 （例）
	箱ひげ図	最小値、第1四分位数、中央値、第3四分位数と最大値を表した図。データの分布状況が理解しやすい （例）
2変量の分布	散布図	縦軸と横軸に異なる2つの項目のデータを点で表した図 （例）
	バブルチャート	散布図を構成するデータに、それに関係するもう一つの量的なデータを加え、円の大きさで表した図 （例）

四分位数とはデータを同じ数の4つのグループに区切る点（値）をいい、最小値から4分の1の区切りを「第1四分位数」と呼ぶよ

社会学・社会福祉調査

観察法の分類

統制的観察法 （人工的操作を加える）	観察対象の中の特定の要因を比較的純粋な形で抽出する目的で、ほかの要因を規制したり、観察場面・手段に工夫を加えたりする観察方法
非統制的観察法（人工的操作を加えない）	①参与観察法：調査者が対象集団に入り込み、内部から見聞きした事象を記録する方法 ②非参与観察法：観察者が第三者として、対象のあるがままの姿を外部から把握する観察法
アクションリサーチ	調査者と当事者が協働し、両者が共有する問題解決を重視して、調査や実践を進める

非参与観察法には、マジックミラー（ワンウェイミラー）を使用する場合もあるんだ

面接法の分類

構造化面接法	あらかじめ質問項目や順序を決めておき、どの対象者にも同じように質問する
半構造化面接法	あらかじめ質問項目は決めておくが、ある程度の自由度をもって進める
非構造化面接法（自由面接法）	被面接者の反応や状況に応じて質問の形式や順序を自由に変えて質問する

質的調査の分析方法

グラウンデッド・セオリー・アプローチ（GTA）	得られた質的情報をデータ化し、コードを付け、データのもつ意味を解釈し、カテゴリーをつくる
KJ法	データをまとめる際、情報をカード化し、カードをグループにまとめ、図解化、文章化する
ブレインストーミング法	参加者から自由に出された意見を批判・否定せずに、アイデアとして列挙する

 開発者の川喜田二郎（Kawakita Jiro）が名称の由来なんだって！

修正版グラウンデッド・セオリー・アプローチ（M-GTA）もある

ゴロ で覚えよう

質的調査の分析は、じっと　かじればブレません
　　　　　　　　　　GTA　　KJ　　　ブレインストーミング

クマ先生の 特選チェック

1 アクションリサーチでは、問題解決を目指すという価値志向的立場よりも、真理を追求する理論的研究の立場が重視される。

2 半構造化面接法では、面接中に新たな質問項目を追加することがある。

答え **1** ×：問題解決を重視して、調査や実践を進める。
　　　 2 ○

社会学・社会福祉調査

質的調査　183

量的調査

調査対象による分類

全数（悉皆）調査	母集団のすべてのデータを集める調査。正確で信頼性の高いデータを得られるが、費用や時間がかかる
標本（一部）調査	母集団から一部を取り出した標本データの性質から、母集団の性質の推定や仮説の検定を行う調査。費用や時間は節約できるが、標本誤差が大きくなる

標本抽出（サンプリング）方法の種類

	方法	内容
無作為抽出法	単純無作為抽出法	母集団から対象者リストに基づき、無作為（ランダム）に標本を抽出する方法
	系統抽出法	母集団の抽出台帳を用意し、最初の標本を無作為に選び、それ以降は台帳から一定間隔で抽出する方法
	層化抽出法	母集団を複数の層に分け、各層ごとに標本抽出を行う方法
	多段抽出法	母集団をいくつかの段階に分け、段階的に標本抽出を行う方法
有意抽出法	応募法	自発的な協力者を標本とする方法
	機縁法	縁故関係にある者を標本とする方法
	割当法	前もって条件ごとに対象者数を割り当て、その中で標本を抽出する方法

調査票の配布・回収方法

	名称	方法	メリット	デメリット
自記式（自計式）調査	配票調査（留置調査）	訪問して配布、一定期間後に回収	・回収率が高い ・費用と時間が省ける	・複雑な調査内容は困難 ・他人の意見が入る可能性がある
	集合調査	対象者を1か所に集め、その場で回収	・回収率が高い ・費用と時間が省ける	・集まってもらうことが困難 ・集団効果による影響を受ける危険性がある
	郵送調査	郵送	・広域な調査が可能 ・費用が安い	・回収率が低い ・質問内容の誤解・誤記入の危険性がある
	インターネット調査	インターネットを用いる	・費用と時間が省ける ・回収が早い	・インターネットが利用可能な者に限定
他記式（他計式）調査	訪問面接調査	訪問し口頭で直接質問	・詳細な調査が可能 ・記入が正確 ・回収率が高い	・費用、時間、人手がかかる ・調査員によるメーキングの可能性がある
	電話調査	電話を用いる	・調査方法が簡便	・調査時間や調査内容が限定 ・調査拒否の可能性が大きい

🐻 自記式は調査対象者が自分で調査票に記入するんだ

🐶 他記式は調査員が記入するのですね！

┃ ワーディング ● ────── 質問や選択肢の表現方法を指す

ダブルバーレル（質問）	複数のポイントを一度に尋ねようとする質問 （例）「このケーキの味やお店の雰囲気に満足しましたか？」
ステレオタイプ	言葉自体が通俗的な特定のイメージや価値観と結びついているもの （例）お役所仕事、江戸っ子
キャリーオーバー効果	前に配列された質問が、後の質問の回答に偏りを与える影響効果
パーソナルな質問	個人的な意思や態度表明に重点を置いた質問形式 （例）「あなたはボランティアをしたいですか？」
インパーソナルな質問	より社会的・一般的なレベルの質問形式 （例）「学校教育の中でボランティア活動は必要だと思いますか？」

調査票作成の際、ダブルバーレル、ステレオタイプ、キャリーオーバー効果は避けなくてはならないよ

⚾〰️ゴロ で覚えよう

重くて、オーバーな　ステレオは、
　キャリーオーバー　　ステレオタイプ
中古品だとダブルでバレる
　　　　　　ダブルバーレル

ど、どうですか？

中古じゃん！

福祉サービス

法人と組織管理の理解

社会福祉法人

所轄庁	原則として都道府県知事（一定の条件を満たす場合は市長、指定都市の長）。なお、2つ以上の都道府県にまたがる場合は厚生労働大臣	
申請（法人格取得方法）	所轄庁から認可を受ける（認可主義）	
成立時期	主たる事務所の所在地で設立の「登記」を行う	
役員	理事	6人以上で、任期は2年以内 ※3親等以内親族等は数を制限
	監事	2人以上で、任期は2年以内 ※3親等以内親族等は数を制限
評議員会	必置。理事定数（6人以上）を超える人数。役員の選任・解任等の重要事項を決議する	
税制上の優遇措置	社会福祉事業	法人税、事業税、市町村・都道府県民税が非課税。消費税と固定資産税は、原則、非課税
	収益事業	課税

社会福祉連携推進法人制度が2022年度から始まりましたよね？

そう。社会福祉連携推進法人は、社会福祉法人や特定非営利活動法人（NPO法人）が社員となり、相互に協力して設立する非営利法人だ

特定非営利活動法人（NPO法人）

目的	市民が行う社会貢献活動としての特定非営利活動
所轄庁	都道府県知事または指定都市の長（主たる事務所の所在地による）
設立の認証	適合条件を満たしている場合、所轄庁は設立を「認証」しなくてはならない（認証主義）
認証の基準	10人以上の社員（法人の構成員）
成立時期	主たる事務所の所在地で設立の「登記」を行う
社員総会	通常、社員総会を毎年1回以上開催
役員	理事3人以上、監事1人以上 ※報酬を得る役員は役員総数の1/3以下
活動の範囲	「保健、医療または福祉の増進を図る活動」をはじめNPO法で定める20分野に限定
認定特定非営利活動法人（認定NPO法人）	NPO法人の中でPST等の一定の基準を満たす場合、都道府県知事または指定都市の長から認定される。認定NPO法人への個人の寄附は寄附金控除が受けられる

福祉サービス

認定NPO法人に認定されるための条件として、PST（パブリック・サポート・テスト）があるんだ

市民から支持を得ているかどうか、総収入に占める寄附金収入の割合（5分の1以上）を1つの基準としている

3 組織管理の基礎理論

組織論

組織形態	ライン組織	トップから下位への指揮命令系統が明確なピラミッド型組織（意思決定はトップダウン型）
	ライン・アンド・スタッフ組織	ライン組織を基本として、ライン組織のトップや各組織を補佐する経理、人事などの専門家組織を配置したもの
	逆ピラミッド型組織	顧客第一主義を徹底し、顧客に向き合う担当者の行動や意思決定への支援を前提に形成される組織
コンティンジェンシー・アプローチ		最善の組織は存在せず、環境が異なればその時点で有効な組織は異なる
官僚制組織		ルールや手続き、専門化と分業、権限の階層構造等の特徴をもち、組織を有効に機能させるうえで利点がある組織
管理システム	有機的組織	環境が不確実な際に有効な組織 水平方向コミュニケーション
	機械的組織	環境が安定している際に有効な組織 垂直方向コミュニケーション

ヴェーバーは最も合理的な組織として「官僚制」（①規則による権限＝職務の明確化、②職務の専門化・分業化、③階層性、④文書による事務処理、⑤専門資格）を提唱しているよ

三隅二不二によるPM理論

リーダーシップP行動 P（Performance：目標達成）	集団の**目標達成**の働きを促進し強化する行動
リーダーシップM行動 M（Maintenance：集団維持）	集団の中で生じた人間関係の緊張を解消し、**成員相互依存**を増大していく行動
２つの集団行動の強弱によって、リーダーシップを類型化し評価する	

M↑

集団維持機能

pM型（M型） 集団をまとめる力はあるが、成果を上げる力が弱い	PM型 目標を明確に示し成果を上げ、集団をまとめる力もある
pm型 成果を上げる力も集団をまとめる力も弱い	Pm型（P型） 目標を明確に示し、成果を上げるが、集団をまとめる力が弱い

→ P

目標達成機能

集団行動の効果の基準を部下の意欲、満足度、職場のコミュニケーション、事故の低発生率で比較すると、PM型＞pM型＞Pm型＞pm型の順になるんだ

┃フィードラーの条件適合（コンティンジェンシー）理論

リーダーシップ 行動の分類	①タスク志向型 ②人間関係志向型
業績との関連	①、②のどちらが業績向上に適しているかは、リーダーとメンバーの関係（信用や尊敬の強さ）、仕事の内容（定型的かどうか）、リーダーの権限の強さによる

リーダーが信用され、仕事が定型的ならタスク志向型で業績向上♪

┃メイヨーとレスリスバーガーによるモチベーション論(古典)

ホーソン実験	生産効率には、物理的な作業環境よりも、職場での人間関係のありようのほうが強く影響することを証明

モチベーションとは「動機づけ」のことであり、人々が目標を達成するために努力をしようとする意思をいうよ

クマ先生の 特選チェック

1 三隅二不二は、リーダーシップの行動面に注目して、集団の「目標達成行動」と「集団維持機能」の2次元で類型化したSL理論を示した。

2 ホーソン実験では、集団作業において、物理的環境条件が悪化すると生産効率が低下することが証明された。

答え **1** ×：SL理論ではなく、PM理論である。
2 ×：職場での人間関係のありようのほうが、生産効率に強く影響することが証明された。

4 労働環境の整備

労働基準法

 労働条件の最低限の基準を定めているよ

就業規則	策定義務	常時10人以上の労働者を雇用する者
	届出	労働基準監督署
	作成・変更	労働者の過半数を代表する者の意見を聞く
労働時間	1日	原則として8時間以内
	1週間	原則として40時間以内
休憩時間	労働時間6時間超…最低45分	
	労働時間8時間超…最低60分	
休日	最低週に1回	
年次有給休暇	6月継続勤務し全労働日の8割以上出勤した労働者には有給休暇を与える	

職場研修

OJT	On the Job Trainingの略。職場の上司（先輩）が職務を通じて部下（後輩）を指導、育成する研修
OFF-JT	Off the Job Trainingの略。職務命令により、一定期間、日常業務を離れて行う研修
SDS	Self Development Systemの略。職員の職場内外での自己啓発活動を職務として認め、経済的・時間的な援助、施設の提供等を行う

「キャリアパス」とは、組織内でのキャリアやスキルを段階的に設定したキャリアアッププラン、昇進プランを具体化したもの

索引

参 考 文 献

◉『最新・社会福祉士養成講座』中央法規出版

◉『社会福祉士・精神保健福祉士国家試験受験ワークブック2025共通科目編』中央法規出版、2024

◉『社会福祉士国家試験受験ワークブック2025専門科目編』中央法規出版、2024

◉『2025社会福祉士国家試験過去問解説集』中央法規出版、2024

◉『厚生労働白書〈令和５年版〉－つながり・支え合いのある地域共生社会－』日経印刷、2023

◉『国民の福祉と介護の動向2023/2024』一般財団法人厚生労働統計協会、2023

◉『高齢社会白書〈令和５年版〉』日経印刷、2023

◉『少子化社会対策白書〈令和５年版〉』日経印刷、2023

◉『地方財政白書〈令和６年版〉』日経印刷、2024

■**本書に関する訂正情報等について**

弊社ホームページ（下記URL）にて随時お知らせいたします。

https://www.chuohoki.co.jp/foruser/social/

■**本書へのご質問について**

下記のURLから「お問い合わせフォーム」にご入力ください。

https://www.chuohoki.co.jp/contact/

らくらく暗記マスター　社会福祉士国家試験2025

2024年6月15日　発行

編　集	中央法規社会福祉士受験対策研究会
発行者	荘村明彦
発行所	中央法規出版株式会社
	〒110-0016　東京都台東区台東3-29-1　中央法規ビル
	TEL 03-6387-3196
	https://www.chuohoki.co.jp/
印刷・製本	図書印刷株式会社
本文デザイン	株式会社明昌堂
本文イラスト	土田圭介　寺崎愛
装幀デザイン	木村祐一　濱野実紀（株式会社ゼロメガ）
装幀キャラクター	坂木浩子